事業性評価に基づく
取引先の見方・支援の進め方

リッキービジネスソリューション株式会社 編

近代セールス社

監修にあたって

　アベノミクスの第3の矢である成長戦略において、地方創生の重要性が強調されています。

　人口減少、高齢化、人口の都市部への集中等により、地方経済が停滞を余儀なくされている中、地方経済を活性化し、日本全体でバランスのよい成長を達成するために、金融機関、特に地域金融機関による「企業の再生支援、成長支援」への期待が高まっています。

　金融機関は取引先企業の事業内容をしっかりと把握した上で、持続可能性や成長可能性を適切に評価し、企業のライフステージに応じた支援を実施し、地域経済の活性化を担っていくことが重要と言えるでしょう。

　金融庁の平成26事務年度「金融モニタリング基本方針」においても、「事業性評価に基づく融資」が重点施策に掲げられ、金融機関は財務データ、担保・保証に必要以上に依存することなく、事業内容や成長可能性などを適切に評価し、企業を支援することが求められています。更に、事業性評価に対する金融機関職員の能力向上等に対する取組み自体もモニタリング対象としています。

　本書では、取引先の見方・支援の進め方について、財務面の分析にとどまらず、事業内容の理解、把握という、正に事業性評価の方法について、詳しく説明しています。

　取引先企業の支援に是非、本書を活用していただきたいと思います。

平成27年2月

　　　　　　リッキービジネスソリューション株式会社
　　　　　　　　　　代表取締役　澁谷　耕一

はじめに

　国内の経営環境は、一部の大企業と技術力・競争力のある中小企業の業績は回復してきました。一方で、人件費、原材料費の上昇等により業績が低迷している企業は依然として多く、日本経済全体のデフレ脱却、景気回復は道半ばの状況にあります。

　平成21年12月に施行された金融円滑化法（その後の継続支援を含む）による資金繰り支援（リスケジュール）を受けた企業は40～50万社あるとされています。この中には、業績が回復した企業がある一方、回復が遅れ厳しい経営状態が続いている企業や、支援を受けたにもかかわらず経営破綻する企業も出始めるなど、業績の二極化が進んでいます。

　リスケジュール自体は、単に金融支援の効果があるに過ぎず、本腰を入れた経営改善が行われない限り企業の業績回復は見込めません。つまり、財務面（資金繰り等）だけではなく、事業面の改善が不可欠であるということです。

　しかしながら、業績低迷に苦しむ企業の中には、経営改善に向けた意欲・意識が高いにもかかわらず、具体的な方法論が分からず苦心している企業が多くあります。

　そのような企業に対して、最も身近に支援・アドバイスできる立場にあるのが金融機関ではないでしょうか。なぜなら、金融機関は長期的な取引関係を通じて、取引先企業の情報を蓄積しており、経営課題を適切に把握、分析することができる存在だからです。金融庁も金融機関に対して経営改善支援等のコンサルティング機能の充実を期待しています。

　金融機関が資金繰り支援に加え、事業内容を深く理解し、適切な支援・アドバイスを行うことができれば、経営改善が進む企業はまだまだ多く存在しています。

　経営改善支援活動の結果、取引先企業の業績改善が進めば、新たな資

金需要の創出を通して、自行庫の業績向上、地域経済の活性化につながります。

　今後、取引先企業に対する経営改善支援は、地域金融機関にとって、より一層重要な項目になるでしょう。

　本書は、融資、再生支援をこれから行おうとする金融機関職員の方に向け、財務面のみならず、事業面も含めた取引先の経営改善・支援の方法・進め方を分かりやすくまとめています。

　弊社が金融機関向けの研修で受けた質問内容なども織り交ぜ、実際に経営改善支援を進めていくプロセス、企業経営者の考え方・知りたい内容など、実務に直結した内容にしています。

　本書を日々の営業活動に利用していただき、1社でも多くの経営改善に役立ち、企業の経営改善、さらには地方創生に資することを期待します。

平成27年2月

リッキービジネスソリューション株式会社

杉山　尚史

吉田　浩二

坪内　俊樹

目　次

監修にあたって
はじめに

第1章　金融機関を取り巻く環境の変化

1-1　大きく変わりつつある金融環境 …………………………… 10
（1）国内預金、融資金の長期的な減少 ………………………… 10
（2）預貸バランスの低下 ………………………………………… 12
（3）資金収益の減少（利ザヤの縮小）………………………… 14
1-2　企業再生支援の現状 ………………………………………… 15
（1）企業倒産の状況 ……………………………………………… 15
（2）金融機関による再生支援の状況 …………………………… 18
（3）再生に向けた各種支援制度 ………………………………… 20
1-3　金融庁による監督方針 ……………………………………… 22
（1）監督・検査方針の変化 ……………………………………… 22
（2）金融機関に求められる役割 ………………………………… 23
（3）金融機関の再編機運の高まり ……………………………… 25
〈コラム1〉経営者から必要な情報は得られていますか？・27

第2章　経営改善支援の流れ

2-1　金融機関が経営改善支援を行う理由 ……………………… 30
（1）金融機関と取引先双方にメリット ………………………… 30
（2）金融機関のメリット ………………………………………… 31
（3）金融機関の担当者が行う経営改善支援 …………………… 37
2-2　経営改善支援のフローチャート …………………………… 39
2-3　対象先企業の現状把握 ……………………………………… 40
2-4　資金繰りの確認 ……………………………………………… 42

2-5　財務内容・事業内容の把握 …………………………………… 45
　(1)　財務内容の把握 ………………………………………………… 45
　(2)　事業内容の把握 ………………………………………………… 50
2-6　アクションプランとは ………………………………………… 51
2-7　中長期数値計画とは …………………………………………… 53
　(1)　損益計画書 ……………………………………………………… 53
　(2)　貸借対照表 ……………………………………………………… 53
　(3)　キャッシュフロー計算書 ……………………………………… 54
2-8　モニタリングと実行支援 ……………………………………… 56
　〈コラム2〉経営者の人を見る目・57

第3章　事業内容をどう把握するか

3-1　事業内容把握の重要性 ………………………………………… 60
　(1)　事業内容を把握する必要性 …………………………………… 60
　(2)　担当者が事業を知ることとは ………………………………… 63
　(3)　金融機関と経営者の視点の違い ……………………………… 64
3-2　事業内容把握の流れ …………………………………………… 65
3-3　企業概況の正しい認識方法 …………………………………… 67
　(1)　企業概況の確認 ………………………………………………… 67
　(2)　金融機関取引状況の確認 ……………………………………… 72
　(3)　窮境の状況と原因の整理 ……………………………………… 74
　(4)　今後の見通し、方向性の検討 ………………………………… 77
3-4　外部環境の調査方法 …………………………………………… 78
3-5　事業の流れを押さえる ………………………………………… 81
　(1)　事業の全体像と流れを捉える ………………………………… 82
　(2)　俯瞰図の作成と活用 …………………………………………… 82

（3）俯瞰図から何を読み取るか ……………………… 83
　3－6　業務上の問題点の確認 ………………………… 89
　（1）業務フロー確認の必要性 ………………………… 89
　（2）業務フロー図とその作成方法 …………………… 90
　（3）業務フロー上の課題の確認 ……………………… 92
　（4）改善策の検討 ……………………………………… 96
　3－7　改善の方向性の決定 …………………………… 97
　（1）SWOT分析とは …………………………………… 98
　（2）今後の方向性の検討 ……………………………… 98
　（3）経営改善策の決定 ………………………………… 100
　3－8　企業経営者からの情報収集 …………………… 102
　（1）面談の事前準備 …………………………………… 102
　（2）金融機関の考え方の説明 ………………………… 103
　（3）面談の実際 ………………………………………… 104
　（4）経営者をその気にさせるには …………………… 104
　（5）経営改善による相互メリット …………………… 105
　3－9　ヒアリング項目とチェックリスト …………… 106
　〈コラム3〉取引先訪問時に何を話していますか？・114

第4章　財務面をどう把握するか
　4－1　資金繰り管理能力を高める …………………… 116
　（1）金融機関の職員は経営者の良きアドバイザー … 116
　（2）資金繰表の作成経験を積む ……………………… 116
　4－2　資金繰りによる企業実態の把握 ……………… 118
　（1）企業再生における資金繰りの把握 ……………… 118
　（2）業績不振企業の資金繰り管理 …………………… 119

（3）金融支援の要請とアドバイス……………………………… 120
　（4）リスケの遅れによるデメリット…………………………… 121
　（5）求められる高いマインド…………………………………… 124
　（6）資金の増減理由を押さえる………………………………… 125
4－3　資金繰りの流れの把握………………………………………… 127
　（1）資金調達の可否の見極め…………………………………… 127
　（2）資金繰りの仕組みの理解…………………………………… 128
　（3）資金繰表のチェックポイント……………………………… 130
　（4）資金繰表作成時のヒアリングポイント…………………… 134
　（5）資金繰り管理上の留意点…………………………………… 134
　〈コラム4〉面談を有意義なものにするには・138

第5章　数値目標の立て方・計画の作り方

5－1　事業計画書の概要……………………………………………… 140
　（1）事業計画書作成の必要性…………………………………… 140
　（2）金融機関が金融支援するメリット………………………… 141
　（3）金融支援の経済合理性を示す内容………………………… 142
　（4）金融支援の中心となるリスケ……………………………… 143
　（5）計画書へ記載する具体的な数値目標……………………… 145
　（6）金融機関へ提出する書類…………………………………… 145
　（7）財務3表作成の流れ………………………………………… 147
5－2　事業計画書を作成する………………………………………… 148
　（1）予想損益計算書（P/L）の作成①………………………… 150
　（2）予想損益計算書（P/L）の作成②………………………… 153
　（3）予想貸借対照表（B/S）支払・回収計画および設備投資計
　　　画の策定……………………………………………………… 156

（4）キャッシュフロー計算書（CF）の作成 ………………………… 161
　（5）資金計画の作成 …………………………………………………… 163
　（6）研究事例の総括 …………………………………………………… 165
　〈コラム5〉経営者の良き相談相手になっていますか？・171

第6章　モニタリングと実行後の支援

6－1　モニタリングの必要性と実施方法 ………………………………… 174
　（1）モニタリングの具体的な方法 …………………………………… 174
　（2）モニタリングへの参加の意義 …………………………………… 178
　（3）モニタリング資料 ………………………………………………… 179
　（4）モニタリングに対する反応 ……………………………………… 179
6－2　再生が難しい企業の抜本的対策 …………………………………… 181
6－3　中小企業再生支援協議会等の活用 ………………………………… 182
6－4　廃業支援のポイント ………………………………………………… 183
　〈コラム6〉金利の対価について・184

第1章

金融機関を取り巻く環境の変化

　本章では、昨今の金融機関を取り巻く環境の変化について説明します。後半は金融庁による監督・検査方針の内容を踏まえ、今後の金融機関に求められる役割について解説します。

1－1　大きく変わりつつある金融環境

　金融機関を取り巻く環境は、近年大きく変わりつつあります。国内の人口は減少が続いており、今後は少子高齢化が一段と進む見通しです。将来的には国内の生産人口減少に伴い、預金、融資金ともに縮小することが予想されています。

　また、東京や大阪など大都市圏への企業・人口の集中が一段と進む中、地方では金融機関同士の過当競争により、資金利ザヤの低下が続いています。加えて、製造業を中心とした企業の海外シフトが進み、国内の資金需要の低迷に拍車がかかっています。

　収益源についても変化が見られます。従来は、国内での融資収益が中心でしたが、近年メガバンクは独自で海外へ展開し、収益の３割近くを国際業務から稼ぎ出しています。一方、地方銀行は同業務においては依然１％程度の収益しか得られていません。今後も国内の市場縮小に伴い、海外進出支援業務はますます重要になり、これに対応できるかどうかで、金融機関が顧客に選別されることも考えられます。

　さらに、新たな形態の銀行であるネット銀行は今や金融決済機能の一角を占めていますし、融資に関してはクラウドファンディングなど新しい事業の参入が拡大しています。

　こうした背景を踏まえ、金融庁は地域金融機関に対して中長期的なビジネスモデルの構築を求めています。かかるなかで、地方銀行の再編や広域連携が活発化しており、今後の動向が注目されています。これらの変化を踏まえると、これからの金融機関のあり方は大きく変わっていくものと考えられます。

（1）国内預金、融資金の長期的な減少

　国内人口の減少、少子高齢化の進行、大都市圏への人口集中、さらに

第 1 章　金融機関を取り巻く環境の変化

製造業を中心とする企業の海外進出が進んでおり、地域金融機関にとっては、今後も厳しい経営環境が続くことが予測されています。

金融機関の融資金残高は、足元ではここ数年の緩やかな景気持ち直しと、日銀が金融機関向けに低利で行う「融資増加を支援するための資金供給」「成長基盤強化を支援するための資金供給」などが寄与し、最近では大手企業向けに留まらず、一部中小企業向け融資においても増加基調にあります。

全国銀行協会のデータによると、平成 27 年 1 月末時点の全国銀行の融資残高は約 451 兆円となっており、前年同月末比で 10.3 兆円（＋2.4%）増加しています。内訳としては、都市銀行は海外向けの増加などで 185 兆円（前年同月末期比＋ 0.9 兆円、＋ 0.5%）、地方銀行は 177 兆円（同＋ 7.0 兆円、＋ 4.1%）、第二地方銀行は 47 兆円（同＋ 1.5 兆円、＋ 3.5%）となっています。

図表 1-1　預金・貸出金の残高推移

出所：全国銀行協会統計資料「全国銀行総合財務諸表」より作成

しかしながら、地域金融機関の実態としては、融資を伸ばすために東京などの大都市圏や近隣他府県・都市における、主に優良企業向け融資の伸長が中心となっており、それも相当な低金利での融資競争に陥っているとされています。

　一方で、全国的な人口減少に伴い、将来的に融資規模は縮小することが予想されています。国立社会保障・人口問題研究所の推計によれば、平成24年以降37年までの間、すべての都道府県で高齢化が進展し、生産年齢人口は減少し続けるとされています。

　これらを踏まえて、金融庁は平成26年7月に公表した「金融モニタリング基本方針」（後述）において、地域の企業向け融資残高と地域の生産年齢人口との間には高い相関関係があり、これまでの企業向け融資と生産年齢人口動態の関係等が今後も続くと仮定すれば、いずれの地域においても、融資残高は減少すると推計しています。

　つまり、今後は人口減少に伴い経営環境は一段と厳しくなり、従来のような融資量を増やすというビジネスモデルは成立しなくなることを想定し、中長期的なビジネスモデルの確立を促しています。

(2) 預貸バランスの低下

　図表1-2のとおり、金融機関の預貸率は年々低下してきましたが、現在は70％程度で下げ止まりした状態にあります。

　この預貸率とは、簡単にいうと、皆さんが集めた預金等が融資金として運用されている割合を示したものです。そしてこの比率が高いほど融資が積極的に行われており、低い場合は有価証券などで運用している（せざるを得ない）ということになります。

　バブル絶頂期には、都市銀行（現在のメガバンク）ではオーバーローンといって、自行の預金以上に融資があるという過熱した状態にありましたが、バブル崩壊後は徐々に低下し、現在は60％程度の水準となっています。また、金融機関別の内訳を見てみると、地方銀行は約

第1章 金融機関を取り巻く環境の変化

70％、信用金庫・信用組合は約50％になっています。

アベノミクスによる大胆な金融緩和により、金融機関の融資残高は増加しているものの、大きく伸びているのは海外でのM＆Aを積極的に行っている大企業、地方自治体、海外向けであり、中小企業向けについては、不動産業向けは増加しているものの、製造業における設備投資など前向きな資金需要は依然として伸び悩んでいます。

その結果、皆さんが集めた預金のかなりの部分は、融資金ではなく、国債や最近では海外株式等で運用されているのが実状です。これらは、各金融機関のディスクロージャー誌に記載されているので、一度確認してみてください。また、競合する他金融機関の状況も同様にホームページなどで確認できます。

図表 1-2　預貸バランスの低下

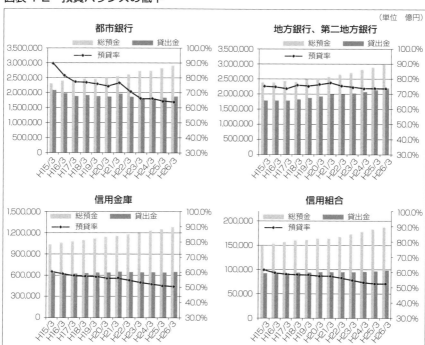

出所：全国銀行協会、全国信用金庫協会、全国信用組合中央協会資料より作成

現在、政府や日本銀行は融資の拡大による預貸バランスの向上に向け、様々な支援を行っています。一方で、預貸率の引上げばかりに着目すると、金融機関のリスク管理が甘くなるという懸念も指摘されています。

　どちらにしても、今後は事業の内容や成長性に基づく、いわゆる「事業性評価に基づく融資」という、地道な融資推進による預貸バランスの改善が求められるでしょう。

(3) 資金収益の減少（利ザヤの縮小）

　平成26年3月期は、多くの金融機関が過去最高益を計上しました。その内容を見てみると、融資先の業績改善により与信費用が減少（貸倒引当金の減少と戻入額の増加）したことに加え、株式関連損益が一段落したというものでした。これは、各金融機関のディスクロージャー資料に詳しく記載されています。

　一方、金融機関にとって最大の収益源である預貸利ザヤ（融資金利－預金金利）は、年々縮小しています。前述のとおり、融資残高は一時的に持ち直しているものの長期的には減少傾向にあり、また預貸バランスも低迷しています。

　これには、国内市場金利の低下に加え、金融機関同士の激しい融資競争により金利低下に歯止めがかからないという背景があります。特に優良企業に対しては、一時では考えられないような低金利での攻勢が行われており、借り手優位が続いています。特に、大都市での優良企業向け融資は超低金利の競争が行われています。

　図表1-3のとおり、預貸利ザヤは平成13年には1.82％ありましたが、ここ数年の資金ニーズの減少、過当な融資競争に伴う金利低下により、平成25年は1.31％となっており、わずか12年間で約3割も縮小しています。これは金融機関の収益構造に大きなインパクトを与えています。

第1章　金融機関を取り巻く環境の変化

　また、最近は少しずつ改善傾向にありますが、金利の低い保証協会付融資を優先し、プロパー融資への取組みが減ったという要因もあります。

　よって、政府・金融庁などは、今後、金融機関が企業のリスクを見極め、プロパー融資の拡大を求めています。

図表1-3　預貸利ザヤの推移

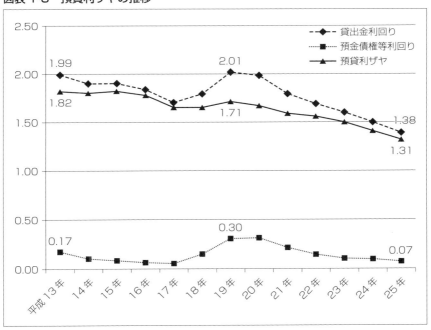

出所：全国銀行協会統計資料より作成

1-2　企業再生支援の現状

(1) 企業倒産の状況

　企業の倒産件数は一時期に比べ大きく減少しています（**図表1-4**）。平成26年12月単月は686件となっており、12月度としては、バブル

景気時の平成元年（493件）以来の25年ぶりに700件を下回る低水準でした。

その背景としては、「中小企業金融円滑化法」（期限到来後の継続支援、以下、「金融円滑化法」という）」による金融機関による資金繰り支援が続いていることに加え、景気対策としての公共事業の前倒し執行などにより抑制されていることなどが挙げられます。

また、中小企業再生支援協議会をはじめとする公的機関による経営改善計画策定支援が拡大したことで、企業の倒産件数が減少する効果があったといえます。

金融円滑化法が開始された背景には、リーマンショック後の企業倒産を抑制するという目的がありました。結果的にこの目的は達成されたといえます。しかしながら、本業自体が改善せず返済の目途が立たない先

図表1-4　企業倒産件数の推移

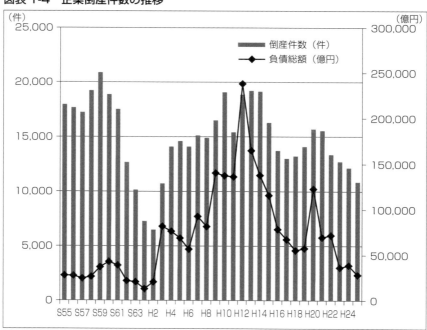

出所：株式会社東京商工リサーチ資料より作成

第 1 章 金融機関を取り巻く環境の変化

や、赤字が続くことで資金繰りに窮している企業、いわゆる隠れ不良資産とされる企業が多いことも事実です。

金融円滑化法を利用した企業は40〜50万社とされており、その1割程度が抜本的な経営改善が必要な先であるとされています（**図表 1-5**）。

そうした状況の中で、中小企業の業績も一部では持ち直しており、全体的に業績回復の兆しが多く見られるようになりました。

一方で、資金・人材不足や急激な円安進行に伴う原材料・燃料価格の高騰、また消費増税に起因する消費の落ち込みなどもあり、平成26年12月末時点では縮小均衡や本業不振から脱却できない企業は増加傾向にあるとされており、業績の2極化が進んでいます。

図表 1-5　金融円滑化法の利用状況

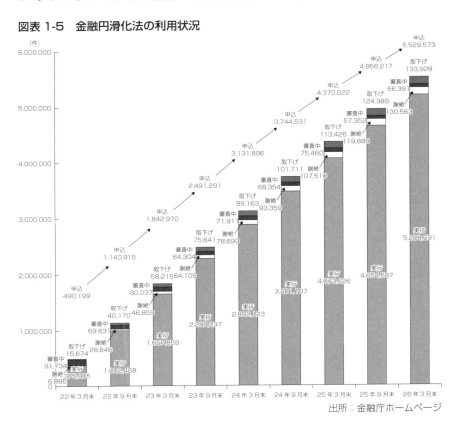

出所：金融庁ホームページ

つまり、単なる「リスケジュール（借入金の返済猶予・減額、以下「リスケ」という）」よる金融支援だけでは業績改善につながらず、本業利益を稼ぎ出すことができない企業は、依然多いということです。実際に金融円滑化法を利用した企業の倒産も増えています。

　こうした背景もあり、金融機関ならびに所管官庁は、今後も経営改善支援に力を入れていく見通しです。

（2）金融機関による再生支援の状況

　従来、企業再生・経営改善支援という業務は、融資部や審査部などの本部と、支店でも一部の融資担当者が関わる程度でした。ところが、平成21年12月に金融円滑化法が施行されて以降、それまでは融資業務に深く関与することのなかった融資渉外担当者も、顧客からのリスケの要請を受け付けるようになりました。

　その結果、企業再生・経営改善支援業務は金融機関業務の中でも特別なものではなくなりました。皆さんの中にも、リスケの相談や受付、そして経営改善計画の策定支援などを行ったことのある人は多いと思います。

　金融円滑化法は平成25年3月末をもって終了しましたが、現在は「金融検査マニュアル・監督指針」において、その趣旨・取扱いが恒久化されており、金融機関による企業再生・経営改善支援も継続的に行われています。

　前述のとおり、リスケを受けているなど経営改善支援が必要な企業の業績は2極化が進んでいます。そして、この業績2極化の状況を受け、金融機関による再生・経営改善支援の方針は次の3通りに分かれています（**図表1-6**）。

　まず、大きく分けると業績回復傾向にあるグループ（図表1-6のA）と、業績が低調・回復が進まないグループとに分けられます。そして、後者はさらに2つに分けられ、当面様子見・現状維持する先（同B）

第 1 章　金融機関を取り巻く環境の変化

と、支援打ち切り・廃業支援の対象となる先（同 C）とに対応が分かれます。

それでは、一つずつ見ていきましょう。

対応方針 A のグループは、自助努力によって収益が改善し、安定的なキャッシュフローを確保できるようになった先です。

リスケ（借入金の返済猶予）を行っている場合、借入金のリファイナンス（組替え）などによりリスケの状態から出口を迎える、つまり借入金返済の正常化が行われます。他にも、収益力に問題はないものの、過去の投資失敗や過剰な設備投資などで過剰債務や債務超過に陥っている企業に対しては、金融機関が債権放棄や DDS（デット・デット・スワップ＝借入金の超長期化）など、かなり踏み込んだ支援を行うことで、財務体質の健全化を図るというケースもあります。

こうした企業の債務者区分は「正常先」もしくは「要注意先」となり、

図表 1-6　再生支援対象先の 2 極化

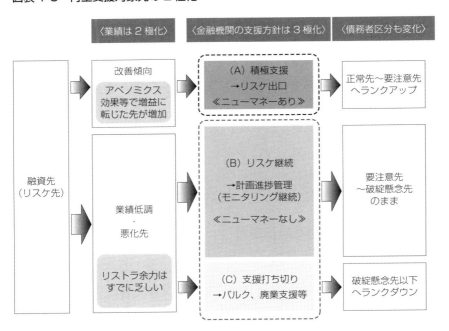

今後の借入れが可能になるなど、金融取引も通常に戻ります（債務者区分の定義については第2章参照）。

次に、対応方針Bのグループですが、こちらは業績が依然不安定であり、金融機関としてはグループAのように踏み込んだ支援を行うに至らない先になります。

平成25年頃からの景気回復に伴い、増加運転資金の調達や設備投資の借入れができれば業績改善につながる可能性があったものの、リスケ期間中などの理由で金融機関から新規融資を受けられず、結局改善が進まなかった取引先などが対象になります。結果として、リスケ状態から脱却できないという、経営改善支援を行う中で最も対象先の多いグループになります。

最後は対応方針Cのグループですが、こちらは業績改善・返済再開の目途が立たない先になります。債務者区分は通常、破綻懸念先以下となっていることから、金融機関として、これ以上追加融資を出せない状態にあります。

このグループについては、業績改善の見込みは薄く、転廃業支援の対象となる可能性が高いといえます。最近は、金融庁の監督指針や、個人保証のガイドライン施行の流れもあり、こうした事業改善の見通しが低い先に対する廃業支援は徐々に増加しています。

このように金融機関の支援スタンスは、対象先企業の状況・見通しに応じて大きく変化しています。よって、皆さんがこれらの方針を決めるためには、事業内容と将来の見通しをしっかりと把握し、最適な経営改善支援策を判断することが求められます。

（3）再生に向けた各種支援制度

金融円滑化法の最終期限が到来以後、経営改善支援として所管官庁などから多様な方針や支援策が打ち出されています。**図表1-7**にその代表的なものを掲げました。詳細についてはそれぞれのホームページで確認

第1章　金融機関を取り巻く環境の変化

できます。
　各種支援制度には、一定の条件を満たすことでリスケ中でも融資が対応可能な制度融資などもあります。企業経営者と面談するにあたり、こうした情報を提供することで一層信頼が高まりますので、定期的な実施に努めましょう。

図表1-7　各省庁による各種支援制度

関係府省庁（金融庁ほか）	中小企業再生支援協議会・信用保証協会など
・H24/4月 「中小企業の経営支援のための政策パッケージ」 　①金融機関によるコンサルティング機能の一層の発揮 　②企業再生支援機構および中小企業再生支援協議会の機能強化・連携強化 　③経営改善や事業再生を支援する諸施策の推進 ・H25/3月 企業再生支援機構を「地域経済活性化支援機構（REVIC）」へ改組 ・H25/8月 「中小企業経営力強化支援法」 経営革新等支援機関（認定支援機関）の創設 ・H25/12月 「経営者保証に関するガイドライン」策定 ・H26/7月 「金融モニタリングレポート」発表 　金融モニタリング基本方針（H25事務年度）に基づき行った1年間の金融モニタリングの主な検証結果や課題をとりまとめ、初めて公表。ビジネスモデルの中長期的持続性や、地域経済の安定と地域銀行の役割について記載。 ・H26/9月 「金融モニタリング基本方針」（平成26事務年度） 重点施策として、下記などが挙げられる。 　①顧客ニーズに応える経営 　②事業性評価に基づく融資等 　③ビジネスモデルの持続可能性と経営管理 【詳細は次節で記載】	（支援協議会） ・年間3,000件（目標）の経営改善計画策定 ・「協議会版DDS」の拡充　等 （信用保証協会ほか） ・「経営改善サポート保証」 　中小企業再生支援協議会等の支援により作成した経営改善・再生計画に基づき、中小企業が経営改善・事業再生を行うために必要な資金を保証協会付融資で支援し、計画の取組みを後押し ・「借換保証制度」の拡充 　保証協会の保証を利用した複数の債務を一本化して、月々の返済負担を軽減 ・「経営支援型セーフティネット貸付」 　一時的に業況悪化を来している中小企業・小規模事業者に対する、日本公庫・商工中金による融資

出所：各省HPより作成

1-3　金融庁による監督方針

(1) 監督・検査方針の変化

　平成26年9月、金融庁から平成26事務年度の「金融モニタリング基本方針」が発表されました。

　この内容を皆さんが見ることはあまりないかもしれませんが、金融庁は毎年金融機関に対する「監督・検査基本方針」を発表しています。各金融機関はこの指針を踏まえ、経営方針や融資方針、各金融機関内の検査方針などを見直しています。そして、この金融庁が行う検査というものがあります。

　地域金融機関には2年間隔くらいで入り、頭取、社長、理事長との面談に始まり、各本部において規定内容や業務運営方法など多岐にわたる検査を行います。この検査の中で、営業店は資産査定という融資先の説明を行います。通常は支店長や融資責任者が対応しますので、担当者の中には知らない人もいるかもしれません。検査の結果により債務者区分が引き下げられると、金融機関は「引当金を積み増す＝経費が増加する」という、各金融機関の決算に影響を与える可能性があるとても重要なものです（詳しくは第2章参照）。

　従来はこうした不良債権処理に主眼が置かれていました。それが、平成25年9月に出された監督方針では、従来の方針から大きく転換し、成長企業への融資やリスケ中の企業に対する融資支援など、新規融資の状況を確認することを重点的に行うとされました。特に、中小企業向けの融資は各金融機関が判定した債務者区分を尊重することになり、従来は躊躇していた業績のやや厳しい中小企業への融資が改善される土壌が整えられました。

　そして、平成26年9月に発表された監督・検査基本方針では、重点

施策として「顧客ニーズに応える経営」「事業性評価に基づく融資」「ビジネスモデルの持続可能性と経営管理」などが挙げられています。

この中で、営業店に在籍する担当者にとっては事業性評価に基づく融資が重要であり、金融庁は以下について求めています。

【地域金融機関における課題と平成26事務年度の考え方】（一部抜粋）

> 地域の経済・産業の現状及び課題を適切に認識・分析するとともに、こうした分析結果を活用し、様々なライフステージにある企業の事業の内容や成長可能性などを適切に評価（「事業性評価」）したうえで、それを踏まえた解決策を検討・提案し、必要な支援等を行っていくことが重要である。
>
> 特に、目利き能力の発揮による企業の事業性評価を重視した融資や、コンサルティング機能の発揮による持続可能な企業（特に地域の経済・産業を牽引する企業）の経営改善・生産性向上・体質強化の支援等の取組みを一層強化していくとともに、継続困難な企業に対する円滑な退出への支援にも取り組んでいくことが求められている。
>
> こうした取組みは、取引先企業の生産性向上や産業の新陳代謝の促進につながるものであると同時に、地域金融機関にとっても、単なる金利競争ではない、付加価値の高いサービスの提供による競争を可能とし、自らの安定的な収益の確保及び健全性の維持・向上につながるものである。地域金融機関は、こうした役割を持続的に発揮していくために必要な機能や態勢およびその前提となるリスク管理態勢や経営体力の一層の強化を図っていくことが重要である。

（2）金融機関に求められる役割

金融庁が公表した、平成26事務年度の「金融モニタリング基本方針」の「主な重点施策及び監督・検査上の着眼点」欄に、今後、金融機関に求められる「金融仲介機能の発揮」という項目がありますので、本節で

はその一部を紹介します。
　当該箇所は皆さんの業務運営上、また対象先企業と接する上で押さえるべき項目ですので、十分に内容を理解してください。

【金融仲介機能の発揮】（平成26事務年度「金融モニタリング基本方針」一部抜粋）
○地域経済・産業の成長や新陳代謝を支える積極的な金融仲介機能の発揮

ア．様々なライフステージにある企業の成長可能性や持続可能性を適切に評価するための取組状況について、以下の点を含め、確認する。

（ⅰ）主要な営業地域について、地域毎の経済や産業（主要な産業セクターを含む）の現状・中長期的な見通しや課題を、具体的にどのように把握・分析しているか。また、こうした分析結果を、具体的にどのように企業の成長可能性や持続可能性の評価に役立てているか。

（ⅱ）特に、金融機関のビジネス上重要な取引先企業（地域の経済・産業を牽引する企業、大口与信先等）や主たる相談相手としての役割が期待されている取引先企業（メイン先等）の経営状況や経営課題、ニーズについて、具体的にどのように把握しているか。

（ⅲ）その他の取引先企業について、具体的にどのように企業の状況等を把握しているか。

（ⅳ）財務内容や返済履歴等といった過去の実績に必要以上に依存することなく、その成長可能性や持続可能性を含む事業価値を見極めるために具体的にどのような取組みを行っているか。

（ⅴ）職員の目利き能力やコンサルティング能力のさらなる向上、組織としてのノウハウの蓄積等を図るため、具体的にどのような取組みを行っているか。

イ．取引先企業の状況に応じた適切な解決策を提案し、その実行を支援するための取組状況について、以下の点を含め、確認する。

（ⅰ）特に地域経済を牽引する企業や大口与信先等に対して、中長期的な視

第 1 章　金融機関を取り巻く環境の変化

点に立って、その持続可能性や成長可能性を適切に評価・分析し、そのうえで、必要なコンサルティング機能の発揮や資金供給を行っているか。
（ⅱ）地域に根ざして営業を行う企業等に対して、創業・成長を積極的に支援するため、産学官金の連携による創業支援、政策金融機関やファンド等と連携した資金供給等を含め、具体的にどのような取組みを行っているか。
（ⅲ）担保・保証に必要以上に依存しない、事業性評価に基づく融資（経営者保証に関するガイドラインの活用を含む）を促進するため、具体的にどのような取組みを行っているか。
（ⅳ）取引先企業に対し、財務面だけでなく、売上げ増加や事業承継等の様々な経営課題についても適切なコンサルティング機能を発揮するため、本業支援ができる外部の専門人材の活用を含め、具体的にどのような取組みを行っているか。
（ⅴ）抜本的な事業再生等が必要な企業に対して、問題を先送りすることなく、DDS・債権放棄等の金融支援を含む、真に実効性のある抜本的な事業再生支援（他の金融機関が主導する事業再生支援への積極的な協力を含む）を行っているか。
（ⅵ）保証債務の整理にあたって、経営者等からの相談にはその実情に応じてきめ細かく対応し、必要に応じて外部機関や外部専門家とも連携しつつ、経営者保証に関するガイドラインの積極的な活用に努めているか。

ウ．中小企業金融円滑化法の終了後も、中小企業に対し円滑な資金供給や貸付けの条件の変更等に努めるよう求めてきたところであるが、引き続き、適切な対応を促していく。

（3）金融機関の再編機運の高まり

　金融庁は、すべての都道府県で高齢化が進展し、生産年齢人口も減少し続けるとの予想を踏まえ、これまでの企業向け融資と生産年齢人口動

態の関係等が今後も続くと仮定すれば、いずれの地域においても、融資残高は減少すると推測しています。

よって、全国的な人口減少に伴う融資規模の縮小が予想される中で、融資の量的拡大といったビジネスモデルは、全体としては中長期的に成立しない可能性があると厳しい指摘をしています。

地域金融機関は都市銀行と違い、金融機関数には大きな変化はありませんでした（**図表 1-8**）。しかし、今後、長期的な預金・融資金の減少、預貸利ザヤの縮小などによる金融機関の収益性低下と、新たな業態の参入、業務内容の変化などが進んだ場合、金融機関の再編機運が高まってくる可能性があります。

今後は単なる預金・融資業務・金融商品販売など従来型のサービスを提供するだけでなく、コンサルティング機能の発揮をはじめとする付加価値を提供することで、他金融機関との差別化を図り、選ばれる金融機関になることが従来以上に必要になってくるといえます。

図表 1-8　金融機関数の推移

金融機関の種類	昭和63年末	平成26年7月末	増減
都市銀行	13	4	△9
地方銀行	64	64	0
第二地方銀行	68	41	△27
信用金庫	455	267	△185
信用組合	419	154	△262

出所：財務省、金融庁、預金保険機構ホームページより作成

第 1 章　金融機関を取り巻く環境の変化

コラム① 経営者から必要な情報は得られていますか？

経営者から情報を得るためには、金融機関からの積極的な情報提供が必要です。通常、経営者が希望する情報は顧客・取引先紹介、同業他社の状況、他社での成功事例等、金融機関の担当者なら普通に入手できるものです。守秘義務の問題から情報すべてを提供することは難しいですが、可能な範囲で上手に提供できるかどうかが、取引先から情報を得るための有効な手段になります。

その中でも特に喜ばれるのは、売上拡大につながる顧客、取引先の紹介です。また、このような情報は双方にメリットがあり、企業同士の紹介なら、ビジネスマッチングとして注力している金融機関も多いです。顧客紹介が成功すれば、取引先の業績も改善することが多く、与信上好ましいだけでなく、経営者との信頼関係を構築することに最も効果を発揮します。

そのようにして信頼が構築できれば、金融機関の担当者が必要とする情報（設備投資計画、業績の急変、トラブル等）も得られやすくなるでしょう。

経営改善支援の流れ

　本章では、なぜ金融機関が経営改善支援に力を入れているのかを説明し、経営改善支援の進め方を体系的に整理します。また、経営者に説明する項目・内容を盛り込みました。

2-1 金融機関が経営改善支援を行う理由

(1) 金融機関と取引先双方にメリット

　金融機関にとって、取引先企業の経営改善を支援することは経営課題の中でも重要な項目に位置付けられており、また金融庁の「金融モニタリング基本方針」においても、重点施策および監督・検査上の着眼点の一つとされています。

　では、なぜ金融機関は融資先の経営改善支援を行う必要があるのでしょうか？　結論からいうと、「融資先＝債務者」の業績が改善することで、金融機関の対外的な信用度が向上するとともに、損益に大きくプラスの効果をもたらすからです。

　そこで、企業と金融機関それぞれのメリットを見てみましょう（図表2-1）。

　まず対象先企業にとっては、資金調達が容易になること、金利が下がる可能性があること、そして金融機関による経営への関与が低くなるといったことがあります。実は、この経営への関与（指示、指導など）は企業経営者にとって、皆さんが想像している以上に心理的な負担が大きく、これが軽減されることは大きなメリットになります。

　一方、金融機関にとっては業績の良好な企業が増えると、融資などが推進しやすくなることに加え、各種融資事務負担が軽減される等のメリットがあります。これは取引先企業と接する担当者の皆さんにとって

図表2-1　経営改善により得られるメリット

取引先（債務者）	金融機関
・計画達成→債務者区分ランクアップにより資金調達の可能性が高まる ・調達コストの低下 ・金融機関対応から解放される ・従業員給与・役員報酬の改善が図れる	・債務者区分引上げに伴う引当コスト減少 ・優良融資先の増加 ・融資管理事務の負担軽減 ・個人・基盤取引等の拡大が図れる

は改善効果があるので、イメージが湧きやすいところでしょう。

さらに、金融機関にとっての最大のメリットは、与信費用（融資先に対する引当金を計上すること）の減少です。これは、損益面にとってプラス、つまり金融機関の収益向上につながります。そして、もう一つは金融再生法における開示債権（いわゆる不良債権）が減少し、金融機関の信用度が向上するという効果があります。

こうした多くのメリットがあるからこそ、金融機関、そして金融庁が経営改善支援の強化に力を入れているのです。

この相互のメリット、つまり対象企業が経営改善することで、「貴社にメリットはあるが、当金融機関にもあります」「ですから、我々も懸命に支援をします」という意思を企業経営者に伝え、経営改善に向けた共通の意識を持つことが、皆さんが取るべき第一歩といえます。

債務者には、金融機関のメリットが見えていない（分からない）ので、金融機関が経営改善支援に乗り出しても、"やらされ感"を持ちがちです。よって、債務者企業に対して経営改善の必要性や意義について丁寧な説明をし、自発的な取組みを促すことが必要です。

(2) 金融機関のメリット

前述した、金融機関のメリットに関し、債務者区分と引当金の関係についてもう少し詳しく説明します。

これは、銀行を題材にしたテレビドラマ「半沢直樹」で取り上げられ、多くの企業経営者が興味を持って見ていたようです。この内容・考え方を企業経営者に説明すると、大半の方が、「金融機関の考え方が分かった」「経営改善の必要性を理解した」と喜ばれます。

まず債務者区分の定義、ならびに引当金との関係について見ていきます（**図表2-2、2-3**）。これらを踏まえて、その後の筆者が実際に経営者とやり取りする際の応酬話法を紹介しました。少し難しいのですが、企業経営者が知りたい項目の一つですので参考にしてください。

図表 2-2　債務者区分の定義

債務者区分		内　　容
正常先	定義	・業績は良好で財務内容にも問題がない先
	決算イメージ	・損益…最終損益が黒字。不動産売却損などの一過性の赤字や創業赤字などの場合、自己資本が充実しており借入金が少ないなど財務内容が健全である場合は、正常先と判定される。 ・自己資本…実質自己資本はプラス
要注意先	定義	・業績が低調または不安定な先 ・財務内容に問題があり今後の管理に注意を要する先
	決算イメージ	・損益…最終（もしくは経常）損益が赤字、繰越欠損あり ・自己資本…実質債務超過
要管理先	定義	・金利減免、棚上げあるいは元本の返済猶予など融資条件の大幅な軽減をしている先 ・元本返済、利息支払が事実上または実質的に3ヵ月以上延滞している先
	備考	・条件変更先については「要管理先」として上記のように定義付けられる。 ・返済猶予（リスケ）を受けている会社は、いったんこの「要管理先」に該当するが、1年以内に事業計画書を提出することなどを前提に「要注意先」に留めることができるルールがある。ただし計画の進捗状況によっては適用されないこともある。 ・これらは金融円滑化法終了後も恒久措置とされている。
破綻懸念先	定義	・現状、経営破綻の状況にはないが経営難の状態にある先 ・経営改善計画の進捗状況が不芳で今後、経営破綻に陥る可能性の高い先 ・事業は継続しているものの実質債務超過、融資金も延滞状態にある先
	決算イメージ	・損益…赤字、繰越欠損あり ・自己資本…2期以上連続して債務超過 ・返済状況…6ヵ月以上の延滞（2期以上連続して債務超過の場合は、延滞1ヵ月以上）
実質破綻先	定義	・法的には経営破綻してないが、深刻な経営難の状態にあり再建の見通しが極めて低い先 ・相当期間、大幅な実質債務超過の状態にあり、改善の見通しがない先 ・元金または利息について実質的に長期（6ヵ月以上）延滞している先
	決算イメージ	・損益…赤字、繰越欠損あり ・自己資本…2期以上連続して債務超過 ・返済状況…6ヵ月以上の延滞
破綻先	定義	・法的に経営破綻した先 ・破産、清算、会社整理、会社更生、民事再生、手形交換所の取引停止等の処分を受けている先

※本書では担当者の皆さんに分かりやすいように簡略化しています。詳細は各金融機関の融資マニュアル等を参照してください。

第2章　経営改善支援の流れ

【応酬話法　～経営改善支援の目的、メリットの説明～】

（注）次の応酬話法では、話を簡略化するため、資産の分類に基づく不良資産の処理基準、一般貸倒引当金、保全等の考えは省略しています。実際に説明される際は、各金融機関のルール・基準に沿って対応してください。

（担当者）今回、当行が貴社の経営改善のサポートをさせていただくことになりました。まず、経営改善することによる貴社のメリットについて説明します。加えて、貴社の業績が回復することによる当行のメリットについて説明します。
（経営者）よろしく頼むよ。
（担当者）まず、当行が貴社をどのような位置付けで見ているかを説明

図表2-3　債務者区分と引当金の関係

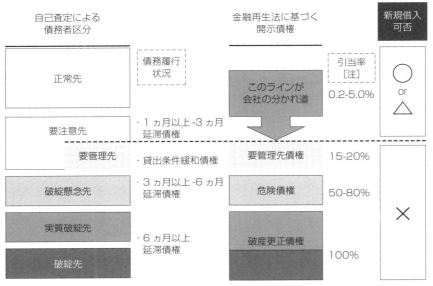

[注]－「引当率」は金融機関ごとに異なるため、上記数値はあくまで目安として記載。

出所：全国銀行協会資料より作成

します。すべての金融機関は、融資先に対し格付という作業を行っており、その結果に応じて債務者区分を決めています。この債務者区分によって、取引方針や融資金に対する引当金が決まる流れになっています。

この債務者区分は6つあり（※5つ＋1（要管理先）とすることもある）、要管理先以下になると、いわゆる不良債権として開示する必要があります。貴社の場合ですが、決算状況、そして返済猶予（リスケ）をしている状況を踏まえると要管理先に該当します。

(経営者) ということは、当社は不良債権になるのかね？

(担当者) 現状はそうなります。そして、金融機関の不良債権は公表されています。これはディスクロージャー誌にも記載されていますし、決算発表の時期には新聞や雑誌などにも記事が出ますのでご存知のことかと思います。

そこでは、近隣他行と比較されるので、不良債権比率が高いとなると自行の信用問題にもつながってきます。ですから、金融機関にとって、対外的に開示する必要がある不良債権が少なくなることは大きなメリットになります。それと、貴社の業績が良くなれば損益上のメリットもあります。

(経営者) どうして当社の業績が良くなると、おたくのメリットになるのかね？

(担当者) それには、こういう背景があるのです。まず、**図表2-3**の左表をご覧ください（自己査定による債務者区分）。貴社の債務者区分は、現在リスケ中のため要管理先になります。次に右の表をご覧ください（金融再生法に基づく開示債権）。今、貴社に対し、金融機関は20％程度の引当金を積んでいます。つまり、貴社へのプロパー融資1億円（無担保）に対し、約20百万円積んでいるということです。

　　　　　貴社でも売掛金などの回収不能を見込んで引当金を積んで
　　　　いると思いますが、金融機関も同様に、融資先の債務者区分
　　　　に応じて引当金を積む必要があります。そういえば、数年前
　　　　に赤字が続いた際に、借入金利が２％前半から、３％台まで
　　　　１％ほど、引き上げられませんでしたか？
（経営者）確かに、どこの金融機関からも金利を引き上げてくれと要請
　　　　されたからね。
（担当者）そのときは、債務者区分が正常先から要注意先へランクダウ
　　　　ンしたので、各金融機関ともに貴社への引当金を積む必要が
　　　　あったのです。具体的には、引当金がほとんど不要な正常先
　　　　から、２％程必要な要注意先へランクダウンしたため、その
　　　　一部を金利引上げという形で、貴社へ負担を求めたという背
　　　　景があったのです。
（経営者）そういうことだったのか。
（担当者）その後、貴社はリスケ（返済猶予）を申入れされました。そ
　　　　の結果、貴社の債務者区分は要管理先になり、当行は引当金
　　　　を20％程度積むことになりましたが、その際は、金融円滑化
　　　　法（終了後の方針）に沿って、各金融機関共に金利は据え置
　　　　いたようですね。
（経営者）それで、当社の業績が良くなるとどうなるのかね？
（担当者）今回、当行と一緒に経営改善計画書を策定し、毎期着実に計
　　　　画を達成していただいた場合、貴社の債務者区分を要注意先
　　　　にランクアップすることが可能となります。そうすると、貴
　　　　社の融資金額に対する引当率が20％から２％程度まで下がり
　　　　ますので、当行としてはすでに引当金として計上している20
　　　　百万円が２百万円まで取り崩せることになります。これによ
　　　　り、当行の損益では、引当金の戻入れが加算されるので、増
　　　　益の効果があるのです。

　　　　　平成26年3月期に金融機関の決算内容は大きく改善しましたが、このような融資先の業績回復に伴う債務者区分のランクアップによる与信費用の減少という効果が、大きな要因として挙げられています。
（経営者）それが金融機関のメリットになるというわけか。
（担当者）そうです。こうしたメリットがあるからこそ、金融機関としても融資先の業績回復、経営改善支援に力を入れているのです。企業側にとっても金融機関サイドにもメリットがあり、双方がWIN-WINの関係になるのです。これから、長い道のりになりますが、貴社の経営改善に向けてしっかりサポートいたしますので、頑張りましょう。
（経営者）よく分かった。よろしく頼むよ。

　このように、債務者区分と引当金の関係について、応酬話法を通して説明しました。以下にポイントをまとめておきます。

・金融機関として対象先企業をどのように見ているのか、判断しているのかを伝える。
⇒企業は、業績が悪化してくると、金融機関から貸し剥がしや貸し渋りなどを受けるのではないかと不安になっています。
　（各金融機関内のルールによるが）債務者区分を開示し、金融機関は対象先企業をどのように見ているのかということと、支援継続するためにはどの水準を目指せばよいかを伝えることで、経営者も先が見え経営改善に取り組みやすくなります。
・双方のメリットを伝え、金融機関も協調して改善支援をサポートすることを示す。
⇒経営者も安心して経営改善に取り組めるようになります。
・債務者区分がランクアップ・ダウンする大まかな基準を示す。

⇒明確な水準は示せないかもしれませんが、「債務超過解消」「債務償還年数」など、金融機関が今後も支援を継続するために目指してほしい水準は伝えるべきです。

　赤字はダメ、黒字でも利益が少ないとダメというだけでは、経営者はどうしたらよいのか分からなくなってしまいます。これはよくあるケースです。誰だって、ゴール（目標）が分からないのに走り続けることはできないものです。

(3) 金融機関の担当者が行う経営改善支援

　金融機関にとって経営改善支援で目指すゴールはどこでしょうか。筆者は最終的に次の２つではないかと考えています（**図表2-4**）。

　金融機関にとって、融資先企業が安定して存続し、そこから継続的に利息収入を得るということが収益の根幹になります。したがって、資金繰りが回るということは絶対要件です。そして、その資金繰りは安定的に黒字を確保してこそ維持されるものですから、損益面の改善支援も必須となります。

　なお、金融支援として行われている借入金の返済猶予、いわゆる"リスケ"ですが、これはあくまでも資金繰りの支援になります。対象先企業が損益改善を行うには時間がかかるため、時間的猶予を与え、その間に収益改善を進めさせるのです。よって、金融機関がリスケ支援をしたからといって、業績が改善するわけではありません。

　損益の改善には、決算書を眺めて「もっと売上を伸ばしてください」「経費を削減しましょう」というだけでは不十分で、「数値＝決算書」か

図表2-4　経営改善支援のゴール

①損益の改善………事業利益確保
②資金繰りの改善……キャッシュフロープラスの維持
　　　　　　　　　　銀行借入・返済正常化

ら読み取れる課題を踏まえ、その「原因＝事業面」について経営者に改善を促すことが必要です。

　つまり、金融機関の担当者に求められる経営改善支援とは、財務内容に基づき経営の状況を捉えた上で、事業における改善策（数値化と行動計画）を経営者と一緒に考えることなのです。

　加えて、立案した改善計画の進捗状況、予算・実績管理（以下、「予実管理」という）を通じて、経営者に問題点をフィードバックするとともに、さらなる改善に向けた提言を行うことも含まれます。

　経営改善（支援）とは極めて広範囲にわたるものです。皆さんが融資先企業の工場に入り、ストップウォッチを持って業務改善を行うことは難しいでしょうし、営業担当者にセールストークの指導をできる人などはいないでしょう。また、企業経営者も金融機関の担当者にそんなことは望んでいません。

　要するに、皆さんがこれまで行ってきた過去の財務分析から一歩踏み込んだ、次のようなことなのです。

・数値に基づきしっかりと現状を把握する。
・事業実態を踏まえて課題改善策アクションプラン（行動計画）の策定支援を行う。
・金融機関の目線を取り入れた数値計画の策定支援を行う。
・PDCAサイクルの定着化、モニタリング体制構築などの事後フォローと提言を行う。
・加えて（可能な範囲で）金融機関の情報を活用し、売上・利益拡大に向けた支援を行う。情報提供、顧客紹介、ビジネスマッチングなど。ある意味この期待が最も大きい。

2-2　経営改善支援のフローチャート

　図表2-5は、経営改善支援を行う際のフロー図です。それぞれの詳細については後述します。ここでは、全体の流れを大きく3つのステージに分けて説明します。

[ステージ1：現状把握]　資金繰りと財務面／事業面の実態把握
　・金融機関の担当者という第三者の目線でしっかり現状を把握する。
　・過去～現在までを把握し課題を捉える。
　・経営者に現状をしっかりと伝え課題を認識させる。
　・経営改善に取り組む意欲を醸成する。

[ステージ2：計画策定]　事業計画策定（数値・アクションプラン策定）
　・事業計画策定における方向性を定める。
　・しっかりとした現状把握を踏まえ、アクションプラン（行動計画）を策定する。
　　（事業の内容・実態を把握していないと改善策は見えない）
　・行動計画を踏まえた数値計画を策定する。

図表2-5　経営改善支援のフロー

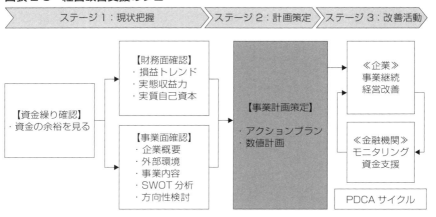

（心地よい数値を置くだけの計画では意味がない）

[ステージ３：改善活動]　計画に沿った改善活動の実施支援と予実管理
・PDCAサイクルの構築支援
・モニタリング活動、予実管理
・必要に応じた資金繰り支援
・経営者と目標や（リスケなどからの）出口戦略についての道筋を共有する。

（経営者にとって出口が見えないことは大きな不安となる）

2-3　対象先企業の現状把握

　それでは、ステージ１の「現状把握」から説明します。

　金融機関にとって経営改善支援の中心となるのは、事業計画書の策定支援になります。この際、前調査として対象先企業の現状を正確に捉えるというステップを踏むことが重要です。つまり、しっかりとした現状把握を行うということです。これは文字どおり、ある時点における対象企業の状態を正しく把握・分析することです。

　対象先企業がどのように推移してきたのか、また、営業戦略や商品構成、組織、管理方法など、どういう事業状態にあるのかということを、財務内容を踏まえて課題を抽出・整理していきます。

　言い換えると、今の財務状態という結果を作り上げた、事業という原因を捉えるということです。この調査・確認を行うことで、金融機関にとっても、対象先企業において収益や業務運営などの改善が可能か、また、どの程度（金額）であれば改善を見込めるのかイメージできるようになります。

　よくあるケースですが、債務超過解消年数・債務償還年数などの結論ありきで事業計画を策定（支援）した場合、この現状分析という作業が飛ばされ、将来の数値設定のみの議論となりがちです。

当然ですが、こうした計画は意味がありません。現状に至った背景をしっかり押さえ、なぜそうなったのか、そして何をどのように改善すれば収益改善につながるのかを十分に押さえることが必要です。これがない場合、その計画の内容・妥当性は不十分であり、達成もおぼつかないでしょう。

そもそも、事業計画とは現状からあるべき姿に向けてのギャップを、どう改善するのかということをシナリオ化、数値化したものです。

実際に、計画策定に着手する場合、その時点の「現状＝発射台」を正確に捉えていなければ、改善する幅（レベル感）を見誤り、その結果、改善に要する時間、労力、資金が不足し、計画未達となる可能性が高くなります。

なお、この現状把握は経営者、従業員へのインタビューなどを通じ、対象先企業と共同で進めていくため、多少時間はかかります。必要以上に時間をかけることはありませんが、単に早く完成させればよいというものでもありません。

これは参考ですが「中小企業再生支援協議会」（詳しくは第6章参照）が経営

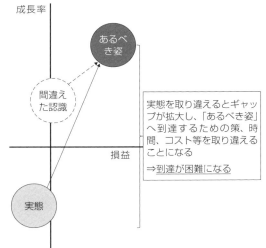

図表2-6　現状を取り違えると

改善計画策定に関与する場合、一般的な計画書であれば事業・財務調査を含めて3ヵ月～半年程度かかることが多いです。また、調査を簡略化した計画でも1～3ヵ月程度で策定しています。新たな施策（営業、改善など）を計画書に織り込む場合は、その実績を見た上で判断するケースもありますので、こうした場合はもう少し時間を要します。

話を戻しますが、これら適切なプロセスを踏むことで、企業サイドもこれまで把握していなかった自社の課題を知り、そして経営者・従業員の意識も変わり、改善に向けた自発的な取組みが開始されることにつながります。

　金融機関が行う現状把握は、一般に3つの面において行います。1つは「資金繰り」、2つ目は主に数値面から会社の実態を捉えていく「財務実態の把握」、そして3つ目は業務や事業面から捉える「事業実態の把握」になります（詳しくは第3章参照）。

　以下、この3つの概要について説明します。

2-4　資金繰りの確認

　なぜ、最初に資金繰りを確認するのかというと、経営改善支援における時間的余裕を把握するためです。

　当然ですが、資金繰りが回るということは、企業が存続する上での絶対要件になります。しかしながら、筆者が金融機関から対象先企業を紹介いただき、事業計画の策定支援に着手する際に資金繰りを確認すると、いきなり来月の資金繰りが回らないというケースに遭遇することがあります。

　そうすると、実態把握どころではなく、借入返済を止める申込み（リスケ）もしくは新規借入や資産売却による資金捻出などに奔走することになります。

　資金に余裕がある企業とない企業とでは、対応すべき優先順位が変わってきます。じっくりと腰を据えて収益改善に取り組めるのか、すぐにリスケにより資金ショートを防ぐ緊急の状況なのかを判断するために、最初に資金繰りを確認するのです。

　よって、金融機関の担当者が経営改善支援に着手する前は、事前に保守的な資金繰表（6ヵ月～1年）を作成し、策定期間中に資金繰りが回

ることを確認しておくことが必要です。状況によっては、計画策定完了までの数ヵ月間はいったんリスケを行い、経営者には計画策定と改善活動に専念させることもあります。

また、メイン行が他行へリスケを呼びかけたり、6ヵ月～1年間の不足資金を先立って融資する等の対応が取られると対象先企業も安心して経営改善に取り組めます。

以下は、筆者がクライアントと最初の面談時に行っている、簡易な資金繰りの確認方法です。資金繰表を作成していない（作り方が分からない）会社が多いので、ヒアリングだけでキャッシュフローの見通しを把握します。

《事例：簡易キャッシュフロー表を作成し、借入返済ストップの申入れを行ったケース》

①経営者へのヒアリング内容
・下半期（10～3月）の業績見通し

　上半期は赤字で推移したが、下半期はリストラ効果が寄与し収益は改善する。毎月1百万円弱の最終利益確保可能。

　⇒本業利益は半期で5百万円に設定…【図表2-7（以下同じ）…①】

・減価償却費は法定どおり（上半期と同額）

　⇒5百万円…②

・エアコンの修繕等で5百万円の支払いが確定

　⇒投資CF支出5百万円…④

・売却可能な資産はない

　⇒投資CF収入　0円…⑤

・下半期の資金調達予定なし（赤字のため金融機関に断られた）

　⇒財務CF収入0円…⑧

・下半期の借入返済（返済予定表にて確認）

　⇒財務CF支出25百万円…⑨

②作業内容
- ヒアリングに基づき簡易キャッシュフロー表を作成（図表2-7）。
- その結果、借入金の返済負担が大きく、かつ金融機関からの借入調達が不調のため、このままでは資金ショートすることが判明。

③**対策**
- 金融機関にこれまでの状況を説明
- 当面6ヵ月の借入金返済猶予を依頼
- 経営改善計画策定に着手

　3ヵ月で計画を策定しバンクミーティングを開催。以後の返済は、キャッシュフローに応じた返済に変更することで資金繰りは安定。

　正確なキャッシュフロー計算書を策定するには、運転資金項目やその他資産の増減、税金支払など確認することが多いことから少し難しいと

図表2-7　簡易キャッシュフローの作成

実績 ←｜→下半期の見通しをヒアリングし、キャッシュフロー表（簡易版）を作成

			4～9月 上半期 実績	10～3月 下半期 見通し	通期 見通し	10～3月【見通し】で確認する内容
期初現金預金残高		A	30	10	30	
営業CF	経常利益	①	−10	5	−5	当該期間の損益見通し
	減価償却費	②	5	5	10	減価償却予定額
	差引	③(①+②)	−5	10	5	
投資CF	(設備)投資支出	④	10	5	15	投資の有無。あれば予定額
	資産売却等収入	⑤	0	0	0	資産売却予定
	差引	⑥(−④+⑤)	−10	−5	−15	
フリーCF		⑦(③+⑥)	−15	5	−10	
財務CF	借入	⑧	20	0	20	調達計画
	返済	⑨	25	25	50	返済予定表にて確認
	差引	⑩(⑧−⑨)	−5	−25	−30	
当期CF		B(⑦+⑩)	−20	−20	−40	
期末現金預金残高		A+B	10	−10	−10	

この状況では資金ショートするため、借入金返済猶予（リスケ）を検討する。
⇒ <u>下期分の返済25百万円を停止すると、期末に15百万円を確保可能</u>

思いますが、この簡易な方法であれば大まかな状況を捉えられますし、簡単に作れます。

対象先企業にとっても分かりやすいので、参考にしてください。

2-5　財務内容・事業内容の把握

　資金繰りを確認した後は、財務面、事業面の実態把握を行い、それぞれの課題と改善の可能性を確認します。

　金融機関の担当者である皆さんは、財務面の把握は日常的に行っていますが、この財務（決算分析）は、あくまでも事業の結果に基づくものです。よって、経営改善支援を行うのであれば、その原因である事業面を見なければ始まりません。

　それぞれ、後ろの章で分析方法等の深堀りを行いますので、ここでは確認すべきポイントについて簡単に説明します。

(1) 財務内容の把握

　財務内容の把握では、過去5年から10年間程度の損益計算書、貸借対照表、キャッシュフローの推移を見て、いつからどのような状況にあるのかを数値面から把握します。そこから、①損益のトレンド、②実態収益力、③実質自己資本を中心にチェックし、ここで抽出された財務上の問題から事業上の課題を推測していきます。

　それでは、それぞれについて簡単に解説します。

①損益トレンドの把握

　金融機関では、一般的に過去3年間を見るケースが多いといえます。債務者区分が正常先の企業はともかく、要注意先以下の企業で業績が長期にわたり凋落している場合などは、最低10年間を見たほうがよいでしょう。そうすると何らかのターニングポイントが発見できるものです。場合によっては、さらに遡ることも必要です。

また、業種によっては相場動向を押さえることで、より実態が見えてきます（例：食材卸、ガソリンスタンド業など。売上高が増収であっても単に相場価格が上昇しただけで、数量は減少しているなどのケースがある）。

　ここではまず、損益がどのように推移してきたのかを見ます。実額だけでなく、利益／経費率とそのトレンドを見ることで、今後の成り行きも推測できます。加えて、簡易キャッシュフロー（経常利益＋減価償却費）を算出して借入金とのバランス（債務償還年数）を押さえることにより、財務上の課題が明確になってきます。

　大まかなチェックポイントを示したのが**図表2-8**です。当然、これ以外にも業種や会社の状況に応じて深堀りが必要になるケースがあります。

　なお、売上高／粗利益を部門別・販売製品群別・顧客別などに細分化して推移を見ることは必須です。これを行うことにより、どこに問題があるのか抽出しやすくなり、今後の対策を練る際の根拠立ても明確になります。

【図表2-8　損益状況のチェックポイント】

項　目	チェックポイント
売上高のトレンド	部門別（取引先別・製商品別）に伸び率を把握する。
売上原価の内容	勘定科目ごとに比率と増減要因を把握する。 削減余力を確認する。
固定費／変動費	特に製造業は固変分解してトレンドを押さえる。
部門別採算状況	採算、不採算部門を特定する。
販管費	人件費とそれ以外に分け削減余力を確認する。
簡易キャッシュフロー	経常利益＋減価償却費はプラスか。

②実態収益力の把握

　次に、実態収益力について把握します。これは、決算書に記載されている損益実績をベースに、特殊要因や決算操作等を除いた実質的な損益状況を捉えるということです。

第2章 経営改善支援の流れ

　よくある例としては、減価償却を税法上の法定限度額未満に抑えることで利益をかさ上げするケースです。これは法人税の確定申告書を見るとすぐにチェックできます。また、在庫を調整して利益をかさ上げするケースもあります。審査部などからも頻繁に問い合わせがある項目ですので、よく確認してください。

　それでは、以下の「売上高・粗利益・営業利益」の推移を見てみましょう（図表2-9）。

　一貫して利益は出ていますが、すれすれの利益水準しかありません。一方で、減収傾向にあるにもかかわらず、在庫は増加しています。

図表2-9　実態収益力の算出

【決算書（修正前）】

	H21/3期	H22/3期	H23/3期	H24/3期	H25/3期	H26/3期
売上高	2,000	1,800	1,600	1,400	1,300	1,200
売上原価	1,500	1,410	1,260	1,100	1,020	940
期初	250	350	380	400	420	440
当期仕入	1,600	1,440	1,280	1,120	1,040	960
内、期末商品棚卸高	350	380	400	420	440	460
売上総利益	500	390	340	300	280	260
販売管理費	350	330	310	290	275	255
営業利益	150	60	30	10	5	5
在庫回転期間（月）	2.1	2.5	3.0	3.6	4.1	4.6
業界平均	1.5	1.5	1.5	1.5	1.5	1.5
業界平均との乖離	0.6	1.0	1.5	2.1	2.6	3.1

減収だが在庫は年々増加？

▼ 在庫の回転期間を業界平均値に置き換えて試算

【金融機関による補正後】

	H21/3期	H22/3期	H23/3期	H24/3期	H25/3期	H26/3期
売上高	2,000	1,800	1,600	1,400	1,300	1,200
売上原価	1,600	1,465	1,305	1,145	1,053	973
期初	250	250	225	200	175	163
当期仕入	1,600	1,440	1,280	1,120	1,040	960
内、期末商品棚卸高	250	225	200	175	163	150
売上総利益	400	335	295	255	248	228
販売管理費	350	330	310	290	275	255
営業利益	50	5	−15	−35	−28	−28
在庫回転期間（月）	1.5	1.5	1.5	1.5	1.5	1.5

減収のため在庫は年々減少

実態は、長期赤字だった

ご存知のとおり、「在庫の増加→売上原価減少→利益の増加」です。

こうした調整を除外した場合に、本当に利益が出ているのかどうかを把握します。よって、こうした操作などを除いた実態の収益力が今後、計画書を策定する際のベースとなります。

なお、この項目に関しては、財務分析や粉飾決算の見抜き方などの書籍が多数出ていますので、参考にしてください。

③資産項目の確認

資産項目についての調査では、比率分析と実態バランスシートの作成が中心になります。**図表2-10**は、実態バランスシートを作成する上で、主に調査を行う項目です。この方法は各金融機関でルール化されています。詳しくは各金融機関のマニュアルを確認してください。

図表2-10 実態バランスシートの作成(修正項目の見方)

勘定科目	評価方法・考え方
受取手形 売掛金	・回収可能性を会社からヒアリングし回収困難なものを減算する。 ・決算書の勘定科目明細に、数期間同額が計上されている場合は回収可能性を確認して減算する。 ・回転期間などが業界平均値と比べ長期の場合、一定水準を超えるものは回収不能として減算する。
商品	・同上 損益調整が行われやすい科目であるため、在庫回転率など業界平均値とのかい離は厳格に減算する。
有価証券	・評価基準日の市場価格と簿価との差額を減算する。
不動産	・路線価、固定資産評価額、鑑定評価などの客観的な評価額に基づき時価を算定し、簿価との差額を評価減する。 ・建物の減価償却不足は減算する。 ・なお、本社など本業で使用する不動産に関しては、一律に評価減しない取扱いもある(事業継続上必要な資産は評価減の対象から除く)。
出資金 貸付金	・回収可能性を会社からヒアリングし回収困難なものを減算する。 ・子会社等の財務内容が把握できる先については、債務超過額を上限に減算する。

余談ですが、企業経営者の中には債務超過といってもよく分からないという人が多くいます。その場合は**図表2-11**を手書きして説明すると、簡単に理解してもらえます。

第2章　経営改善支援の流れ

④債務者区分を決める3つのポイント

これらのことを確認した結果、財務面の課題の有無を、「損益」「自己資本」「借入金とキャッシュフローのバランス（債務償還年数）」の3つの項目で押さえます（**図表2-12、2-13**）。

この3つによって格付、そして債務者区分が決まるという大変重要なポイントになります。逆にいうと、このポイントを改善しない限り、格付、債務者区分のランクアップは見込めません。

なお、これはぜひ実践してほしいのですが、企業経営者に対し「これらの意味・算出方法」「金融機関が対象先企業に目指してほしい水準」の2つを伝えてください。

図表2-11　債務超過とは

図表2-12　債務者区分を決めるポイント

項　目	ポイント
損　益	・経常黒字であること ・現状赤字の場合、**通常は2年以内の黒字化が必須**
実質自己資本	・資産を時価評価した場合、実質自己資本はプラスか ・債務超過解消年数…実質自己資本がプラスになるまでに何年かかるか ・**基本は2～3年に債務超過を解消すること。最長でも10年以内が望ましい。**
債務償還年数	・理論上、単年のキャッシュフローだと有利子負債を返済するのに何年かかるか ・**一般的には10年以内、業種によっては15年以内のケースあり。** 　算式：（有利子負債－現預金－正常運転資金）／（当期利益＋減価償却費）

筆者が対象先企業と初回面談する際は、必ずこの問題点を伝え、目標とする利益額とそこまでの改善の可能性を探ります。対象先企業もこの内容を聞くと、金融機関の考え方、そして自社をどのように見ているのかが分かったといって、大変喜んでくれます。

図表2-13　格付を決める3つのポイント

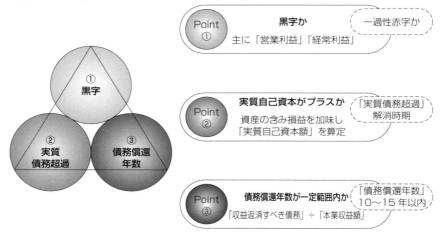

(2) 事業内容の把握

前述の決算書分析により財務面の課題を押さえた上で、次に事業内容を見ていきます。この事業内容を把握することで、数値に表れた課題の解決策と改善の可能性、そして改善効果（見込み）を事業計画に織り込むことが可能になります。

事業内容の把握では、主に対象先企業を取り巻く環境とその見通し、商取引の状況、業務運営状況、組織面、管理面などを「部門」「各取引」「業務」等に分け、どういう課題があり、その改善の可能性はどの程度あるのかということを押さえます。

これは、財務データ等の数値から課題を推測した上で、「俯瞰図」「業務フロー図」等（後述）を用いてヒアリングをしながら進めます。そし

第 2 章　経営改善支援の流れ

て経営改善計画書に反映していきます。当然、金融機関の担当者にとってなじみの薄い分野であり、なかなか取組みづらい工程になることは筆者の経験からも理解できます。

　そこで次章では、事業を把握する必要性・見方について、そして「経営者に何をどのように聞けばよいのか」「ヒアリング時に用いると便利なフレーム」「業務部門別のヒアリング項目一覧」などを紹介しますので、これらを活用し、積極的に対象先企業の把握を進めていきましょう。経営者も自社の本業への的確な質問に対しては、いくらでも話してくれるものです。

2-6　アクションプランとは

　アクションプランとは、計画達成に向けて取り組む行動計画のことです。誰が、いつまでに、何を、どのように改善するのかということを明確に取り決め、これを表形式にした上で進捗状況を管理します。これは、経営改善計画を策定するにあたり、最も重要な項目の一つになります。

　例えば、「粗利益を改善するために、誰が、いつまでに、何について、どのような行動を取り、その結果、どの程度の効果を見込むか」という内容を行動計画に織り込みます。

　これをアクションプランでは、「粗利益を改善するために単価の引上げを行う。その策として、営業部のAさんが来月より、P社に対して、X製品の単価を5％引き上げる交渉をする。来月より交渉を開始し半年後までに引上げを完了させる。見込む収益効果は5百万円」となります。これら内容を、管理しやすいように一表にまとめたものが**図表2-14**になります。

　また、遊休資産の処分や、人員リストラなどを計画に織り込む場合も同様に記載します。計画に織り込んだ諸施策を予定どおり達成すること

によって、損益改善につなげるのですから、この行動計画策定こそが事業計画策定における最大のポイントであるといえます。

金融機関は、この進捗状況を毎月ないし3ヵ月おきに試算表などと併せてチェックし、予実管理を行います。進捗状況が不十分、かつ損益状況も不振である場合は、その原因を確認し、各施策への早期着手を促す必要があります。

なお、計画策定支援時にこの行動計画が達成可能か否かを判断するには、事業を把握していないと分かりません。この事業面を見るということがいかに重要かを十分理解してほしいところです。

図表2-14　アクションプランの例

	テーマ		目標値（金額）	期限	責任者	具体的な行動
売上増強	【記載例】単価引上げ	適正価格への引上げにより取引採算改善を図る	通期で5百万円	H○/○月（6ヵ月目）	営業部A	H○年○月 P社向けX製品の取引採算実績を算出 H○年○月 単価引上げ交渉開始 使用ツール： □□、△△ H○年○月迄 引上げ交渉完了
	新商品の拡販	○○○○○	○○○○	H○/○月	社長 営業部長	○○○○○○
コスト削減	人件費削減	総額○千円→○千円（○千円削減）	社長　○千円→○千円 従業員　○千円→○千円	H○/○月〜	社長 経理部長	○○○○○○
	物流コスト削減	○○○○	○○○○	H○/○月〜	資材部長	○○○○○○
	旅費交通費削減	○○○○	○○○○	H○/○月〜	経理部長	○○○○○○
社内管理	採算管理体制の構築	的確な原価管理の実施と見積価格への反映	○○○○	H○/○月	工場長 経理部長	○○○○○○
資産売却	不動産売却	遊休不動産○を売却	売却予定額　○M 簿価　　　　○M 借入返済　　○M（予定）	H○/○月	社長	○○○○○○

第 2 章　経営改善支援の流れ

2-7　中長期数値計画とは

　一般的に、数値計画とは「損益計画書」「貸借対照表」「キャッシュフロー計算書」の 3 表を指します。以下、各々の内容とポイントについて説明します。なお、詳しい策定方法と留意すべき項目については、第 5 章で解説します。

(1) 損益計画書

　過去 3 年から 10 年程度、推移を押さえ、今後の見通しを推測します。損益計画書を策定する際のポイントは**図表 2-15** のとおりです。

(2) 貸借対照表

　皆さんの中で、貸借対照表の計画をスムーズに作れる人は、案外少な

図表 2-15　損益計算書策定のチェックポイント

項　目	チェックポイント
売上高	・製商品ごと、取引先ごと、担当ごとなどに積み上げ方式で策定する。 ・過去のトレンドと異なる場合（減収状態から増収計画とする場合など）は、アクションプランとの整合性・実現可能性をチェックする。 ・増収策は外部環境を踏まえ無理のない設定か客観的に検証する。
粗利益	・同上 ・市場動向とマッチしているか（原料価格の上昇などは織り込まれているか）
販売管理費	各科目において、 ・過去実績（特に前期）からの増減理由は妥当か検証する。 ・削減余力の有無を確認する。 ・変動費項目の増減率は妥当か検証する。
営業外損益	・過去のトレンドとかい離する場合は内容を検証する。 ・保守的な設定とする。
キャッシュフロー	・経常利益＋減価償却費はプラスか【最重要項目】 　今期は無理でも数年内にプラスになるか ・必要設備投資額は織り込まれているか
その他	・資金繰りがひっ迫している先は、税金や社会保険料を滞納するケースが多い。思わぬタイミングで差し押さえされることもあるので、事前に確認しておく。

いのではないでしょうか。これは、筆者が複数の金融機関向けに研修を担当した経験からもいえることです。

実際はそれほど難しいものではありません。一定の考え方を知れば簡単に作れます（売掛、買掛のサイト変動、借入金増減、現預金の水準設定等。詳しくは第5章参照）。

貸借対照表で示すべきポイントは**図表2-16**のとおりです。

（3）キャッシュフロー計算書

この表も皆さんが作るのは難しいかもしれません。実際に、P／LとB／Sだけを見て作れる人はほとんどいないでしょう。ただし、仕組みは簡単で参考図書も多く出ていますので、一度、自分自身で計算してみると、すぐにできるようになります。キャッシュフロー計算書作成のポイントは**図表2-17**のとおりです。

前記では、数値計画書のポイントならびに目指すべき数値目標について説明しました。しかしながら、過去に発生した投資の失敗などによ

図表2-16　貸借対照表策定のチェックポイント

項　目	チェックポイント
実質自己資本の推移	・実態BSは適正に算出しているか ・実質債務超過の場合、2～3年、長くとも10年で解消することが目安となる。 ・超過する場合、抜本策（DDS等）を検討する。
現預金の推移	・持ち高は妥当か、この期末残高で資金繰りは回るのか検証する。 　場合によっては、借入金の返済額見直しによる負担軽減→手元資金確保を行う。
有利子負債の推移	・年間のフリーキャッシュフロー（FCF）に応じて返済することが妥当 　一般的にはFCFの80～95％程度だが、手持ち資金の状況に応じて対応する（少ない場合は比率を下げる）。 ・金融機関別の返済方法は妥当か （残高プロラタ、信用プロラタ方式どちらにするか（後述））
設備投資計画	・必要資金は計上されているか ・固定資産と減価償却費の増減は妥当か
運転資金	・売上債権、仕入債務の月商比率は妥当か
固定資産	・財務リストラ（資産売却）は織り込まれているか ・遊休資産の売却は可能か

第 2 章　経営改善支援の流れ

り、過剰債務を抱えていたり、実質自己資本が大きくマイナスとなっている先は、現実的に上記指標にあてはまらないことがあります。こうした企業に対し、無理やり売上・利益を急拡大させた非現実な計画を組んでも意味がありません。

金融機関は、こうした先に対し、より慎重に将来計画（特にキャッシュフロー見通し）を見ることが必要になります。このまま、長期的に支援を継続するのか、一段踏み込んで抜本策（DDS など）を行うか、もしくは転廃業支援を行うのか、などの選択が考えられます。

いずれにしても、非現実的な計画を策定しても意味はありません。**図表2-18** に示したように経営改善の考え方、ステップを企業経営者に伝え、現実的な計画書策定支援を心がけましょう。

図表2-17　CF計算書策定のチェックポイント

項　目	チェックポイント
営業キャッシュフロー	・プラスを確保しているか ・このプラスを継続することが企業存続上の最低条件
有利子負債返済	・年間で稼いだフリーキャッシュの何割を返済に回しているか（筆者の経験上、8割程度に設定するケースが多い）
債務償還年数	・「格付」判定主要項目の一つ ・計画終了時までに10～15年を下回る水準が一応の目安

図表2-18　経営改善のステップ

【第3ステップ】実抜・合実基準クリア
→ 金融機関と円滑に取引できる対象

【第2ステップ】損益黒字化
→ 企業の【存続価値】

【第1ステップ】CFプラス化
→ 企業の【存続条件】

（現状）
CFマイナス　損益赤字、債務超過

2-8　モニタリングと実行支援

　金融機関による「モニタリング（チェック）」とは、毎月もしくは数ヵ月ごとに行う「定点観測＝業績チェック」のことをいい、経営改善計画の進捗状況や、資金繰りの状況、「アクションプラン（行動計画）」の実施状況などの状況把握・確認を行います。

　定期的にチェックすることには、計画とのかい離を早い段階で発見し、企業側に改善を促すことで業績改善の流れを維持する目的があります。基本的には対象先企業から資料提出を受けて状況を確認します。

　金融機関としては、事業計画を策定する時点でこのモニタリング報告を想定し、各自金融機関で管理しやすいようにフォーマットを企業に示す（使ってもらう）と、後の管理が楽になります。各社がバラバラだと内容は分かりにくいですし、重要なポイントが漏れているなどの事態が生じることがあります。

　また、計画の進捗状況が大きく下回ったり、経営管理資料が提出されない（対象先企業が作れない）など、金融機関としても想定外の状況に陥ることも多々あります。その際は、外部専門家・コンサルを活用し、早期に対策を打つことも有効です。

●第2章のポイント《経営改善支援の流れ》
・経営改善を行うためには、決算書「結果」を見るだけでは不十分。その「原因」である事業を見ることが重要。
・債務者区分が決まる大まかな基準と、目指して欲しいゴール（利益額・期限など）を伝える。
・対象先企業のメリットだけでなく、金融機関側のメリットならびに協調して経営改善を支援する旨を伝えることで、経営者は前向きに取り組むようになる。

コラム❷ 経営者の人を見る目

　経営者は、各金融機関の担当者を正しく評価している場合がほとんどです。特に中小企業は人材の良し悪しが会社の業績を左右することから、社員の採用、人事評価を経営者自ら行っている場合が多く、人を見る目は確かです。

　筆者は事業計画の策定支援を行う場合、経営者に各金融機関との取引状況について必ずヒアリングしますが、経営者は金融機関の対応、担当者の能力を具体的かつ正確に把握しています。ここで興味深いのは、必ずしもメイン金融機関の担当者に対する評価が高い訳ではないということです。

　さらに、担当者の能力に応じて相談先を決めるため、能力の高い担当者には自然と情報も多く（早く）集まり、優位に営業を進めることができ、さらに信頼が厚くなるという好循環が生まれます。一方で、経営者からの信頼が不充分だと、相談自体してもらえず、情報も集まらず、取引先のニーズも把握できないという悪循環に陥りかねないのです。

　自分がどう評価されているか分かればよいですが、債権者である金融機関に不満を漏らす経営者はまずいません。もし、営業実績が上がらないなら、まず、担当者自身が経営者の信頼に足る存在となり得ているかを考えてみましょう。

　例えば、設備投資について何の相談もなく、他の金融機関から借入れを実行するのは、担当者自身が経営者の信頼に足る存在になっていないことにほかなりません。

第3章

事業内容を
どう把握するか

　本章では、融資渉外担当者が取引先企業の事業をどのように把握していけばよいのかについて解説します。また、経営者から話を引き出すためのツールなども紹介していきます。

3-1　事業内容把握の重要性

(1) 事業内容を把握する必要性

　前述のとおり、企業の実態を把握するためには対象先企業の事業を知ることが不可欠です。

　これからの金融機関には、決算書という表面的な結果だけを捉えて融資の可否を判断するだけでなく、事業という原因から現在の実態を正しく捉えたうえで、経営改善支援を行うことが求められています。

　これは、金融庁による「金融モニタリング基本方針」にも重点項目のひとつとして記載されています。そして、この実態把握のためには、経営者と事業について話すことが重要になってきます。

　しかしながら、金融機関の担当者が主に行っている企業分析は、事業面よりも財務面に比重が置かれてきました。これは、金融機関で行われている格付が決算書に基づいた定量評価中心になっていることに起因しています。人によって評価基準が異なる定性評価では一律の基準を定めにくいこともあり、ある意味、仕方がないことです。

　つまり、金融機関が企業を分析する際には、財務諸表（決算書）という結果に基づく分析に重きが置かれており、その原因である事業については、あまり踏み込んだ調査・分析が行われてこなかった（極論をいうと求められてこなかった）ともいえます。財務分析とは、直前複数年の損益状況と、決算日時点の資産状況を捉えた、ある一面における把握であり、過去の実績に対する評価です。

　企業は、（長短ありますが）過去何年間にもわたり様々な経営判断を行い、そして事業を営むことで現在に至っています。そして、今後も事業を積み重ねることで将来を築いていきます。よって、ある時点の決算数値のみをもって企業を判断しても、全体像を捉えているとは言い切れ

ない面があります。

　言い換えると、「ヒト」「モノ」「カネ」「情報」などの多面的な視点を持ち、過去、現在、そして将来の見通しまで捉えてこそ、はじめて企業の実態が見えてきます。これが、金融庁のいう中長期的な視点を持った事業性評価であり、これに基づく適切な融資対応が求められているのです。

　前置きが長くなりましたが、難しく考える必要はありません。例えば、対象先企業が製造業の場合、次の項目について一つずつ把握していけばよいのです。

- ・何を作っているのか？
- ・どこから仕入れ、どこへ売っているのか？
- ・どの程度（量）作っているのか？
- ・いくらで売っているのか？
- ・どのくらい儲かっているのか？
- ・何人で作り、何人で売っているのか？
- ・過去にどういう経営判断を行ってきたのか？
- ・今後、会社をどのように経営していこうとしているのか？
- ・外部環境はどうか？
- ・競合先はどこか？
- ・課題は何か？
- ・自社の強みと弱みは何か？
- ・今後の見通しはどうか？

　業績が芳しくない企業の財務分析を行うと、大抵「あれ？」「何かおかしい」と思う項目があります。例えば、売上高は横ばいなのに売上原価は上昇しているとか、売上高は減収なのに在庫は増加しているなどのケースです。こうした数値分析＝「結果」から抽出した問題点と、事業

上の課題＝「原因」とは通常一致します。

　皆さんが、この課題が生じる根本的な原因を、経営者と一緒に特定し、その解決策を考えていくことが今求められていることであり、これこそが経営改善支援の根幹であるといえます。

　事業分析と財務分析との関連性について要約すると、次のようになります。

> ①財務分析も事業分析も一つの企業を違う切り口で分析している
> ⇒「財務分析」とは、決算書の数値を分析しているのではなく、数値を用い「事業を分析」している。「事業分析」により、企業の将来見通しを判断する。
> ②財務数値の変化「結果」の裏には、必ず事業上の実態の変化「原因」がある
> ⇒事業を深く知ることで、「伸ばす（伸びうる）項目、改善すべき項目」が明らかになる。

　なお、中小企業では、財務の定量評価と事業・経営者等の定性評価は同等に見るべきといわれています。なぜなら、上場企業や大手企業など監査法人等が関与する場合は、一般的には会計原則などに従った厳正な決算書が公開されますが、中小企業の財務諸表は経営者の意思による計上方法の相違や、場合によっては税理士に丸投げされているケースもあるからです。

　その結果、節税対策による利益圧縮や、逆に赤字額を縮小するための決算操作などが多分に織り込まれているケースも多いのです。よって、中小企業の決算に関してその妥当性という観点からは、数値のみでなく、事業の実態と経営者の資質等も十分に踏まえて判断する必要があります。

（2） 担当者が事業を知ることとは

　近年、金融機関の担当者にはコンサルティング能力の向上が求められています。何度か触れましたが、これは金融庁の「モニタリング基本方針」にも明記されています。そして、金融庁はコンサルティング機能を以下の３つの場面に分類しています。
　・日常業務や貸付条件の変更時に企業の経営課題を把握する。
　・具体的なソリューション（解決策）を提案し、経営改善計画の策定を支援する。
　・継続的なモニタリングや経営相談を通じて企業自身の主体的な取組みを後押しする。

つまり、これからは財務面の「結果」の指摘だけではなく、事業面である「原因」を正確に捉えたうえで企業の方向性を示し、サポートしていくことが、金融機関の担当者に求められているということです。金融機関の担当者が事業を知ることで、経営改善アドバイスがより有効となり、コンサルティング能力の向上にもつながってきます。

　また、企業の実態「製商品の製造・販売状況」「業務フロー」「社内管理体制」等を見ることで、新たな経営改善のネタも発見できるようになります。その結果、新規融資の開拓や、成長企業・産業の育成も可能となってきます。

　こうして、金融機関の担当者である皆さんが事業を知る＝「経営者の目線（の一部）を持ち、企業が抱える問題を深堀りする」ことで、債権者として的確な提言を行うことになり、経営者自身が経営改善に取り組む意識を芽生えさせることになるのです。

　加えて、金融機関の担当者として企業を見る視野が格段に広がります。一社でも企業を深堀りし、一つの見方・基本軸ができると、それ以降は他社の経営改善にも取組みやすくなるものです。企業の財務内容改善が進むことで、格付がランクアップし、金融機関の体質が強化され、

最終的に地域企業・経済の活性化につながります。

こうした背景があるからこそ、事業内容を把握することが重視され、さらに経営改善支援に活かすことが求められているのです。

(3) 金融機関と経営者の視点の違い

これは当然のことですが、金融機関と企業経営者とでは、あらゆる面において視点が異なります。

まず、金融機関が企業を見るときにポイントを置くのは「資金繰り」「財務内容」「他行との取引状況」などの財務面（過去～現在）が中心になります。一方、企業経営者は「営業・販売」「製商品開発」「人事・組織」などの事業面（現在～将来）を重視します（**図表3-1**）。

したがって、金融機関の担当者である皆さんが、この「事業」「組織」「財務」の3面を捉えて経営者と対話する、言い換えると金融機関側が経営者の視点（の一部）に合わせることが経営改善支援においては必要

図表3-1 企業経営者と金融機関の視点の違い

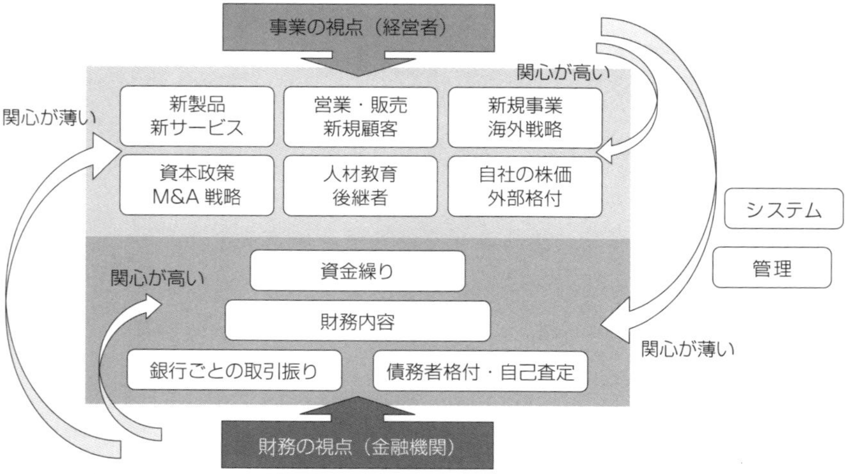

経営者と金融機関の経営に対する視点は当然異なる。いずれも自分に近い位置にあるものほど関心が高く、遠いものほど関心が薄くなる傾向にある。

出所：澁谷耕一著「経営者の信頼を勝ち得るために」（金融財政事情研究会）より

第3章 事業内容をどう把握するか

です。

併せて、経営者に対して金融機関の見方・考え方を示し、共通の課題・目標を認識することも行うべき項目です。

なお、金融機関の強みの一つは、業界動向、他社の状況などの一般的・客観的なデータを蓄積していることです。企業経営者には、意外にもこの視点がないことが多いため、こうしたアドバイスを提供するということは、経営者との面談において有効です。

3-2　事業内容把握の流れ

それでは、事業内容把握の流れを見てみましょう。

皆さんがこれまで行ってきた融資判断では、以下のステップ1（財務分析）に留まり、事業内容の深堀りや、将来見通しの検討まで進まないケースもあったと思います。業績不振先や、事業計画策定支援を行う先に対しては、以下の順を参考に対応してみましょう。

《手順》

●ステップ1　財務分析　←　これまでの結果
　・いつからどのような変化が見られるかを読み取る（増加、減少、横這い等）。
　　事業における変化・異常は必ず財務数値に現れる。

●ステップ2　事業分析　←　結果の原因、なぜそうなったのか
　・「事業別、製品別、顧客別」の実績、トレンドをつかむ
　・「環境変化のポイントは何か（機会・脅威）」を把握する
　・「自社能力（コア事業）は何か、強み」をしっかりと抽出する

●ステップ3　経営課題把握　←　あるべき姿に向け何が足りないのか
　・「強み」「弱み」「外部環境」から自社の課題をつかむ
　・長期的に健全な財務体質、業績を維持するためには何が必要か検討

する

● ステップ４　改善策立案の支援　←　目指す財務成果に向け、具体的な施策を示す

・アクションプランを作成する
・重要経営課題への具体的な取組改善策を設定、数値化する

以下では、これらのステップ２～４を中心に、「事業実態把握」の流れについて説明します。

図表 3-2　事業実態把握の流れ

- 今後将来にわたり、営業利益、営業キャッシュフローを確保できるかを見極める。
- 経営改善計画に織り込む施策を事業上の問題点から見いだす。

（1）企業概要をつかむ	（2）**セグメント**に分け掘り下げる	（3）課題を整理し、**方向性を指し示す**
➤ 経営者、株主 ➤ 事業形態「俯瞰図」 ➤ 市場、営業エリア ➤ 設備、保有資産 ➤ 組織体制、人材 ➤ 関連会社 ➤ 沿革、ヒストリー	➤ 売上セグメント ➤ 採算状況（限界利益） ➤ 実態収益力 ➤ 外部環境 　（自社のポジション） ➤ 業務フロー ➤ 組織内コミュニケーション	➤ SWOT分析 ➤ 窮境の特定 　除去の可能性 ➤ 事業の方向性決定 ➤ 資金計画 ➤ 財務リストラ ➤ アクションプラン
全体を俯瞰する	問題点を見いだす	実施策／方向性検討

金融機関にとって**事業を知る目的**は、**事業計画書策定に向けた情報整理**。
相手（企業）をよく知らなければ具体的な経営改善のサポートにつながらない。

3-3　企業概況の正しい認識方法

　まず、企業の全体像をつかむところから始めます。

　既存先であれば、企業ファイルや融資先概況表などが整備されており、ひととおりの企業概要と、過去の取引経緯・内容等はつかめるようになっています。

　図表3-3は、中小企業再生支援協議会全国本部が策定した「企業概況表」を、筆者が多少アレンジして使用しているものです。シンプルですが、一つの表で現状の課題を整理できることから活用しやすくできています。

　以下に本表に沿って各項目のポイントと、押さえておくべき内容について解説します。

(1) 企業概況の確認

①企業概況

　企業概況は、（既存先の場合）従前の担当者が記載しているものを見るだけに留まることも多いですが、ここから読み取れることや、経営者に確認すべき事項は多くあります。

　新たに経営改善支援を行う際は、企業の概況を再確認することができる数少ないチャンスです。何年も取引しているのに今さら聞けないことなどは、改めてこの機会に確認しましょう。また、既存の企業概況表は知り得た情報をどんどん更新していくことが必要です。

　図表3-4は、筆者が新規先に対し確認している主な内容です。

②業種／事業内容

　皆さんは、取引先企業の主な事業内容、そして製・商品、サービスについて支店長や本部に自信を持って説明できますか。建設業や飲食業、食品製造業など、形の見える事業なら説明しやすいですが、機械部品製

図表 3-3　企業概要表

企業概況表

対象先	○○○○株式会社			
連絡先	03-1234-5678	住　所	東京都千代田区○○	
業　種	製造業	設立年月日	昭和25年4月1日	年商　500　百万円
(事業内容)	自動車部品製造業	代　表　者	○○○○(昭和40年1月1日生)	年齢　50　歳
資本金	30百万円	従業員数 30名(うちパート10名)	主要金融機関　①A銀行　②B銀行　③C信用金庫　④D信用組合　⑤政府系	

① 対象先・概要

事業内容・沿革

- S○年　○○○○が東京都○区にて創業
- S○年　東京都○区に移転、工場新設
  　　　大手自動車メーカー○系列の部品メーカーA社への納入開始
- S○年　同○系列の部品メーカーB社との取引開始
- H○年　代表取締役○○に交代。○○は会長に就任
- H22年　東京都○区に工場移転
  　　　大手ハウスメーカー向け○製品を納入開始
  　　　　　　　　　　　　　　　　　　　　現在に至る

株主構成

名前	株数	関係
○○○○	30	代表取締役
○○○○	15	常務(長男)
○○○○	25	監査役(母)
計	60	

役員構成

名前	役職
○○○○	代表取締役
○○○○	常務
○○○○	監査役

② 財務内容及び問題点

H26/3期　　　　　　　　　　　　　　　単位：百万円

資産の部	決算	修正	実質	負債の部	決算	修正	実質
現預金	30		30	支払債務	100		100
売上債権	70	-3	67	短期借入金	50		50
棚卸資産	50		50	その他	50		50
その他	45		20	流動負債計	200	0	200
流動資産計	195	-3	167	長期借入金	400		400
土地	100		100	その他	10		10
建物	200	-15	185				0
その他	100		100				0
有形固定資産	400	-15	385	固定負債計	410	0	410
無形固定資産	5		5	負債合計	610	0	610
出資金	5	-3	2	資本の部			
保証金	0		0	資本金	30		30
その他	15	-10	5	その他	-20	-31	-51
投資等	20	-13	7				0
固定資産計	425	-28	397				0
繰延資産	0		0	自己資本	10	-31	-21
資産合計	620	-31	564	負債・資本合計	620	-31	589

主要項目コメントおよび問題点

○ H22年、○○工場新設による借入金約3億円の負担により財務内容は大きく悪化。
　年商に匹敵する借入規模であり、極めて過大。

○ 実質債務超過先

(調整項目)　　　　　　単位：百万円
- 簿価純資産　　　　　10百万円
- 回収不能売掛金　　▲3
- 減価償却不足　　　▲15
- 回収不能出資金　　▲3
- 長期貸付金　　　　▲10
- 小計　　　　　　　▲31百万円
- →実質自己資本　　▲21百万円

③ 業績推移等

	H23年3月期(実績)	H24年3月期(実績)	H25年3月期(実績)	H26年3月期(実績)
売上高	500	440	400	500
営業利益	35	10	-20	-10
経常利益	20	-5	-35	-25
当期利益	20	-5	-35	-25
減価償却	15	15	15	25
決算上自己資本	50	45	10	-15
修正		0	0	-26
実質自己資本	80	45	10	-41
総借入	450	490	470	450

【分析結果】

○ 2期連続営業赤字、3期連続最終赤字。

○ 赤字要因としては、下記が挙げられる。
　・○○○○

○ 現在は下記に取り組んでいる。
　・○○○○

H26年3月期(実績)	
収益弁済原資	0百万円
債務超過解消年数	ー年
債務償還年数	ー年

第３章　事業内容をどう把握するか

更新日　平成○年○月○日　　単位：百万円

<table>
<tr><th colspan="2">金融機関名</th><th>H24年3月期
（実績）</th><th>シェア</th><th>H25年3月期
（実績）</th><th>シェア</th><th>H26年3月期
（実績）</th><th>シェア</th><th>保全額</th><th>備考</th></tr>
<tr><td rowspan="12">④
銀行取引状況</td><td>A銀行</td><td>315</td><td>64.3%</td><td>310</td><td>66.0%</td><td>290</td><td>64.4%</td><td>200</td><td></td></tr>
<tr><td>B銀行</td><td>60</td><td>12.2%</td><td>45</td><td>9.6%</td><td>41</td><td>9.1%</td><td>30</td><td></td></tr>
<tr><td>C信用金庫</td><td>50</td><td>10.2%</td><td>50</td><td>10.6%</td><td>50</td><td>11.1%</td><td>50</td><td></td></tr>
<tr><td>D信用組合</td><td>35</td><td>7.1%</td><td>38</td><td>8.1%</td><td>45</td><td>9.6%</td><td>45</td><td></td></tr>
<tr><td>政府系金融機関</td><td>30</td><td>6.1%</td><td>27</td><td>5.7%</td><td>24</td><td>5.1%</td><td>0</td><td></td></tr>
<tr><td></td><td></td><td></td><td></td><td></td><td></td><td></td><td></td><td></td></tr>
<tr><td></td><td></td><td></td><td></td><td></td><td></td><td></td><td></td><td></td></tr>
<tr><td></td><td></td><td></td><td></td><td></td><td></td><td></td><td></td><td></td></tr>
<tr><td></td><td></td><td></td><td></td><td></td><td></td><td></td><td></td><td></td></tr>
<tr><td></td><td></td><td></td><td></td><td></td><td></td><td></td><td></td><td></td></tr>
<tr><td>その他</td><td>0</td><td>0.0%</td><td>0</td><td>0.0%</td><td>0</td><td>0.0%</td><td></td><td></td></tr>
<tr><td>合計</td><td>490</td><td>100.0%</td><td>470</td><td>100.0%</td><td>450</td><td>100.0%</td><td>325</td><td></td></tr>
</table>

⑤　事業の特徴

・当社は、主に自動車関連、家電製品向けの特殊ネジの製造業者。
・長年培った硬化化技術に基づき、エンジン部品向けの納入を行う。大手自動車メーカーとの取引は拡大傾向。

【当社製品の特徴】
　・当社が取り扱う製品は、○○であり、自動車関連売上が６割を占めている。
　・主な製品群と内容については下記のとおり。
　　○○○○○
　　○○○○○
【主な販売／仕入先】　※詳細は「俯瞰図」参照
　・主な販売先・・・○○○
　・主な仕入先・・・○○○
【取引の状況と見通し】
　・自動車関連は○○○○
　・家電関係は○○○○

⑥　SWOT分析

<機会>	<脅威>
・○○○○	・○○○○
<強み>	<弱み>
・○○○○	・○○○○

⑦　窮境の状況と原因	⑧　今後の見通し、方向性
（全体） 　・○○○○ （営業面） 　・○○○○ （コスト面） 　・○○○○ （管理面） 　・○○○○	１．売上拡大策 　・○○○○ ２．コスト削減策 　・○○○○ ３．採算管理体制の構築 　・○○○○ ４．設備投資 　・○○○○

図表 3-4　取引概況表のチェックポイント

項　目	チェックポイント
企業名	・経営者に企業名の由来を確認する ・創業時の理念や企業の経営目的を確認する
経営者	・代表者の年齢→あと何年程度できるか、後継者の有無を確認する ・代表取締役の経験年数→経営能力に問題ないか ・明確なビジョン、確固たる方針を持っているか ・社内統制力（リーダーシップ）はあるか
業種／事業内容	・事業内容の概要を把握する ⇒製商品・サービス内容、外部環境（拡大か縮小か）、ビジネスモデルなど ・影響を与える要因（為替、相場、取引先など）
従業員数	・人員は適正か、過不足はあるか ⇒一人当たり売上高等は業界平均と比べてどうか ・人員配置図を取り受け正社員・パート人数と配置バランスを確認する ・社員台帳を取り受け年齢と給与を確認する ・サービス業などシフト対応の場合は配置人員を確認する 　繁忙期と閑散期の差を検証。あまり変わらないことが多い ⇒削減余力が大きい ・赤字企業の場合、リストラは可能か ⇒リストラを実施した場合、業務オペレーションに支障はないか確認する ・収益部門と不採算部門の配員に偏りはないか
資本金	・税金による区分を押さえる（資本金が 10 百万円と 1 億円とでは税法上の負担が変わる）
拠点一覧	・営業所、工場などの設立経緯、役割と位置付け ⇒売上シェア、採算状況などを押さえる。
沿革	・業績が悪化したターニングポイントはいつか ・過去の経営判断と結果を振り返る（事業の選択、海外進出など） ・窮境原因を確認する（過剰な設備投資、投融資の失敗など） ・外部環境の変化への対応状況を確認する ・業歴に見合った蓄えはあるか 　資本以外にも、人材、技術・ノウハウ、取引先、社内管理など、業歴に応じて蓄積されているか幅広く捉える ・ベンチャー企業は、急激な規模拡大に対し組織・資金が相応に成長しているかを確認する。管理部門がおざなりになりがち
株主構成 出資者	・保有状況、その経緯・目的を確認する ⇒経営に関与していない兄弟や親戚に分散している場合は将来の相続対策にも留意する。 ・株主間の関係はどうか ・事業承継を考えているか ・関係会社との関係性を確認する ⇒株の保有・非保有状況、事業上、資金上の関係について確認する。
役員構成	・各々の経歴 ・各所管部門の状況（好調か、統制が効いているか） ・部門全体を統括・把握できているか ・業績面、管理方法等の方針は明確か ・実権者は誰か ・リーダーシップの有無 ・後継者の有無 ・金融機関借入金の保証人である場合は個人資産の状況を確認する（実態バランスシートにおける中小企業特性利用時に必要） ・ワンマン型か、協調型か

第3章 事業内容をどう把握するか

造業や形の見えにくいソフトウェアサービス業などは、何を作っているのか、何を売っているのか把握・説明しにくいものです。

筆者は職業柄、これらを"見える化"する必要があるため、この製・商品については写真を撮り、金融機関に提出する報告資料（事業調査報告書など）にその概要とともに添付します（**図表3-5**）。

そこには、会社の状況に応じて、売上高推移、取引採算、社内外のシェア、仕入・販売先、用途などを入れることもあります。そうすることにより、本表一枚で筆者自身も、そして金融機関の審査部門担当者まで事業内容がつかめます。

図表3-5　製・商品の内容を知る

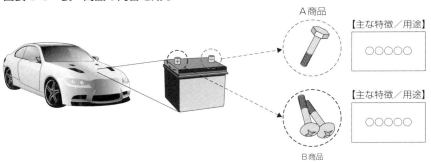

【当社ならびに製品の特徴】
　当社は、地元大手のネジ製造業者であり、主に○○系列のバッテリーのネジを製造している。
　当社製品の強みは○○○○
　価格面では、○○○○
　主な販売先は、○○○○、仕入先は○○○○

主要取引先	項目	A商品				B商品				備考
		H25/3期		H26/3期		H25/3期		H26/3期		
		金額/量	シェア	金額/量	シェア	金額/量	シェア	金額/量	シェア	
X社 （自動車部品メーカー）	売上高 粗利益 取引ロット									仕入先：S社（70%）、T社（30%） 今後の見通し：○○車の販売が好調であり、受注は増加する見込み。
Y社 （自動車部品メーカー）	売上高 粗利益 取引ロット									仕入先： 今後の見通し：
その他	売上高 粗利益 取引ロット									仕入先： 今後の見通し：
合　計	売上高 粗利益 取引ロット									

後述しますが、金融機関の担当者が経営者に製・商品内容についてヒアリングすると、会話も深まるうえ、他金融機関の担当者とは異なる印象を持ってもらえます。実際、筆者のクライアントに対しても、製・商品・サービス内容について踏み込んでくる金融機関の担当者は少ないと感じています。

　おそらく、皆さんは20社から50社近くの担当先をもっているので、一社に多くの時間をかけられないと思います。ですから、対象先企業の製・商品やサービスを一度利用・体験してみるのです。飲食店であれば食べてみる、旅館であれば泊まってみます。経営者は一利用者・顧客としての意見も求めているのです。

　なお、財務諸表の把握と業績推移等の数値計画策定については、第5章を参照してください。

(2) 金融機関取引状況の確認

　経営改善支援に際し、メイン行の支援スタンスが明確であることは絶対条件です。これに加え、取引金融機関が足並みを揃えなければ、経営改善支援自体が空中分解するおそれがあります。

　金融機関の足並みが揃わなくなるケースとしては、次の4つが考えられます。

①返済方法、シェア割り

　プロラタ返済方法（借入金額に応じて比例的に返済額を決めて返済する方式）が問題になります。

　「残高プロラタ」…ある時点における融資残高に応じたシェア割り返済

　「信用プロラタ」…担保による回収を控除後の残高に応じたシェア割り返済

　なお、リスケによる金融支援の場合は、残高プロラタが一般的です。しかし、各金融機関は保全状況（**図表3-6**）に応じて都合のよいほうを

第３章　事業内容をどう把握するか

要請することが多いので、返済方法についてはメイン行が取りまとめたほうがよいでしょう。

②金利引上げ

リスケ等による支援期間中に単独金融機関のみが金利を引き上げたり、これがなされないことにより契約更改を拒否するケース。

③担保取得

リスケ等による支援期間中に単独金融機関のみが担保（定期、不動産、有価証券など）を取得したり、これがなされないことにより契約更改を拒否するケース。

図表3-6　借入金保全状況

金融機関別保全状況一覧

(作成日 2015.○.○)

Ⅰ．保全状況（2015.○.○時点）

本書では、貸出金の金利条件等は記載省略

(単位：千円)

金融機関	貸出残高（割引、外為除く）					保全			信用部分				割引	外為（円ベース）②	総貸出額	
	合計①	シェア	手貸	証貸	当貸	合計②	不動産	マル保	①-②	シェア	保全率				①+②	シェア
A銀行	500	38.5%	100	300	100	350	200	150	150	24.2%	70.0%	100	150	650	43.3%
B銀行	200	15.4%	100	100		50		50	150	24.2%	25.0%	80		200	13.3%
C銀行	150	11.5%		150		130	100	30	20	3.2%	86.7%			150	10.0%
D銀行	100	7.7%	50		50	100	100		0	0.0%	100.0%			100	6.7%
E銀行	50	3.8%		50		50		50	0	0.0%	100.0%		50	100	6.7%
シンジケートローン	300	23.1%		300		0			300	48.4%	0.0%			300	20.0%
合計	1,300	100.0%	250	900	150	680	400	280	620	100.0%	52.3%	180	200	1,500	100.0%

〈シローン残高内訳〉

金融機関	残高
A銀行	100
B銀行	80
F銀行	70
G銀行	50
合計	300

【前提条件】
①不動産評価額・・・鑑定評価額（取得分のみ）、ないものについては固定資産評価額とする。
②外為取引・・・・・記載は円ベース、レートは108.00円換算（2015.○.○）とする。
③マル保貸出・・・・A銀行はマル保に担保優先利用　50百万円（対象物件：○○）

④単独金融機関のみ回収

　リスケ等による支援期間中に単独金融機関のみが回収を行っていたケース。

　こういう事態を防ぐために、事前にメイン金融機関主導でこれらを行わない取決めを行うとともに、基準日を決めてその時点の「金融機関取引状況表（残高・金利・保全状況）」を策定しておくことです。

（3）窮境の状況と原因の整理

　これまで、取引を継続してきた間に把握した資料・ヒアリング等に基づき、なぜ対象先企業の業績がここまで悪化したのかという窮境の状況と原因について整理します。窮境とは、現在の厳しい状況・立場のことをいいます。

　ここでは、現在の損益、財務、資金繰りの状況に陥った原因は何なのか、いつ頃から、そしてなぜ厳しくなったのかということを押さえます。これにより、ある特定の要因（過大な設備投資など）で過剰債務に陥ったのか、または慢性的な売上減少により損益が悪化しているのか、などを把握していきます。

　再生専門家の間では、「窮境原因の特定なくして再生なし」といわれており、原因を把握することは重要です。なぜなら、改善すべき、もしくは取り除くべき問題を取り違えると再生方法、手段、そしてゴールまで取り違えてしまうからです。これは病気を治す医者と同じです。つまり、単にバブル崩壊やリーマンショックが業績悪化の原因という指摘だけでは意味がないということです。

　加えて、企業の収益力には問題がないものの、過去の投資失敗による過剰債務・債務超過があまりにも大きい先であれば、金融機関の判断で抜本策（DDS（借入金の超長期化）、債権放棄など）を実施し、一気に債務者区分をランクアップさせることで、現実不可能な利益の確保を求めないということも選択肢になり得ます。

第３章　事業内容をどう把握するか

　こうした作業を踏まえることによって、金融機関としての判断の正確性も高まってくるのです。
　これらの除去の可能性を検討してから、アクションプランへ織り込んでいきます。これは対象先企業自身が改善へ向けた実行を開始できる具体的な内容でなければなりません。各施策を実行するにあたり、対象先企業が自社の「ヒト・モノ・カネ」をフル活用して実行可能かどうかをチェックします。
　企業が窮境に陥るには、当然に個別の原因があります。ただし、**図表3-7**のように分類してみると、共通する部分は多くあります。担当者にとって、こうした作業は最初手探りですが、何社か経験を積むことで、徐々に窮境の状況と原因を推定することに慣れてきます。
　当然、企業の実態を深堀りすれば、より精緻な原因と課題が出てきますので、追加・上書きしていきます。そうすることで対策はより明確になってきます。
　できれば、漠然と記載するより、図表3-7のように「財務面」「損益面」「経営管理面」「体制」など、小項目で分類し、それぞれポイントを明確にした上で記載します。また、早急に解決すべきこと、解消するには時間を要すものなど、様々な課題があるはずなので、これを金融機関で共有できるように、コメントを付しておくと後で（後任も）活用しやすくなります。
　これらの現状ならびに窮境原因を大まかに把握した上で、次の「外部環境」「内部環境（俯瞰図・業務フロー）」等を通じて企業の実態を深堀りし、より根本的な原因とその除去に向けて、経営改善（支援）を進めていきます。
　なお、経営改善対象企業については、これまでのコア事業が最も足を引っ張っており、当該事業部門のリストラ・撤退が不可欠になることも多いものです。こうした場合、経営者への伝え方も慎重に行う必要があります。単純に過去の実績値だけを捉えて「リストラすべき」といって

終わってしまうと、経営者は表向き理解しても、不満を抱えることになります。

コア事業からの撤退は、経営者にとって自分の失敗を認めることです

図表 3-7　主な窮境の状況と原因

項　目	状　況	原　因【例】
損益面	売上減少（慢性的）	・マクロ環境の変化、市場の縮小 ・自社製商品、サービスの陳腐化・衰退 ・代替品、次世代製商品・サービスの拡大（1000円散髪、低価格居酒屋など） ・経営判断の遅れ（過去の成功体験への固執、意思決定・各種管理の遅れ） ・競合との品質／価格における劣性 ・競争入札案件の増加による失注、価格低下
	売上減少（一時的）	・競合の出現（同一商圏への出店、新製品の出現など） ・競合への転注（価格面、サービス等で劣勢） ・販売先の海外シフト ・主要取引先の倒産、取引解消 ・仕入価格急騰による、販売先の買い控え
	売上原価上昇	・売上原価、採算管理の欠如、不徹底 ・材料費の高騰（運送業：燃料、飲食：食材価格など） ・労務費の上昇 　人不足に伴う賃上げ、募集コストの増加等 ・外注費の上昇 　人材派遣価格の上昇、人不足カバーに伴う派遣増員 ・効率性、業務オペレーション改善への着手遅れ等 ・頻繁な段取り替えによる時間ロス、残業の発生など ・納期遅れ、クレーム対応の発生
	販売管理費増加	・過剰な人員配置（減収に対する人員削減の遅れ） ・燃料、電気料価格の急激な上昇 ・費用項目の予実管理不在
財務面	借入過多	・新規出店、工場などの過大な設備投資 　結果として借入利息負担が重くなり損益にも影響あり ・資金繰り管理の甘さ（安易な資金調達など）
	多額の不良資産	・ノンコア事業への投融資失敗（不動産、出資、融資など） ・関連会社、役員への貸付等（回収不能）
資金繰り	資金繰り逼迫	・過剰債務に伴う、金融機関への返済負担大　⇒リスケ検討 ・販売代金の回収遅れ、不能の発生 ・運転資金（売上債権＋在庫ー仕入債務）の増加。顧客との回収交渉の弱さ
管理面	社内管理不徹底から生じる業績影響	・内部管理体制の欠如（採算、在庫、債権回収ほか各種管理） ・ガバナンスの欠如（経営者の能力不足、ワンマン体制による弊害） ・コンプライアンス事象、横領の発生など
外部環境	急激な変化	・リーマンショック ・為替、相場などの急激な変化 ・地政学リスクなど

第3章 事業内容をどう把握するか

から、心理的なハードルが高いものです。うまく経営者の納得を得て改善を進めさせるには、過去からの実績、外部環境、統計資料等を踏まえた事業の見通しを伝えることが必要です（図表3-8）。

(4) 今後の見通し、方向性の検討

次に、対象先企業の数値面、事業面、そして外部環境を踏まえた上で抽出した各種課題について、その改善策、行動計画、方向性等を経営者と一緒に検討します。

また、金融機関としても、どのような支援内容・方法が望ましいのか、金融機関単独で支援するのか、外部と連携するのか、などについても検討します。この方向性の検討については、第7節で詳しく説明します。

図表3-8　コア事業の見極め（3年間の損益推移）

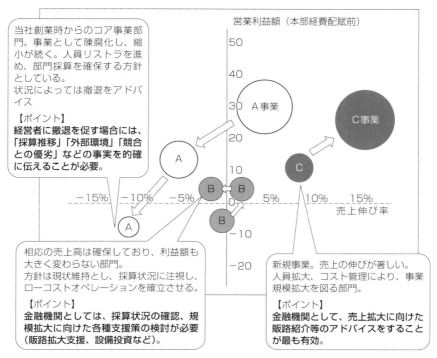

3-4　外部環境の調査方法

　中小企業の経営は外部環境の変化に多大な影響を受けます。例えば近年の自動車部品メーカーなどは、為替変動に加え、輸出先である欧米や中国など海外の景況感、競合メーカーによる販売代理店向けリベートの増減、さらには地政学的な問題など多くの要因によって取引ボリュームが大きく変動します。

　また、ユーザーの購買意欲にも左右されます。例えば自動車関連税金の増減、購入補助金の有無、燃料価格の変動、若者の自動車離れなどが挙げられます。そして、これらを受けた上位メーカーの販売・生産計画に強い影響を受けます。

　加えて、納入先との力関係は当然弱く、毎年のコストダウンに従わざるを得ず、また原価はほとんど透明化されているため、企業努力だけで取引採算を改善するには血の滲むような努力が必要です。よって、この外部環境の状況・見通しをつかむことは、中小企業の経営改善支援にあたって極めて重要です。

　こうしたマーケットや他社の状況などについては企業経営者のほうが詳しいですが、案外、マクロの動向については疎い経営者が多いものです。近隣の競合先がどうなったとか、直接の納入先企業については詳しくても、市場全体の動向や、価格決定権者（エンドユーザーなど）の業績などについては、よく知らない経営者が多いのが実態です。

　よって、企業経営者は、こうした情報を多く持つ金融機関からの情報を求めています。こうしたことを話材にしたりデータを提供するだけでも、金融機関の担当者への信頼は確実に向上します。

　話を戻しますが、この外部環境を知ることは、経営改善支援における必須項目です。まずは、業界の大まかなトレンドと収益構造、当社の主たるマーケット、業界内の位置付け程度はつかむべきです。

第 3 章　事業内容をどう把握するか

　そして、これらの情報は有料サービスを使わなくても、インターネットや対象先企業が購読している（ことの多い）業界紙などを見ることで、無料で得ることができます。

　以下に外部環境調査の情報収集方法とチェックポイントを記載したので参考にしてください（**図表 3-9、3-10**）。

図表 3-9　外部環境調査で使う資料・指標

調査項目	資料名等
① 財務指標	・中小企業の財務指標（無料）http://www.chusho.meti.go.jp/koukai/chousa/zaimu_sihyou/ ・TKC 経営指標等（有料）http://www.tkc.jp/tkcnf/bast/ ・帝国データバンク（http://www.tdb.co.jp/lineup/cnet/）、東京商工リサーチ（http://www.tsr-net.co.jp/service/database/）（一部有料）　など
② 各種統計資料	・業界団体ホームページ、業界紙 ・企業、事業所数推移：「事業所・企業統計」総務省統計局 HP（http://www.stat.go.jp/data/e-census/2012/kakuho/gaiyo.htm） ・機械等の製造、販売量推移：「工業統計表」経済産業省 HP（http://www.meti.go.jp/statistics/tyo/kougyo/） ・人口推移：「人口動態調査」厚生労働省 HP（http://www.mhlw.go.jp/toukei/list/81-1.html） ・賃金水準を判断する：「賃金センサス」政府統計 HP（http://www.mhlw.go.jp/toukei/itiran/roudou/chingin/kouzou/z2013/） ・日本政策金融公庫：各種業界動向、指標等レポート（http://www.jfc.go.jp/） ・その他、各省庁、都道府県、市町村 HP　など
③ 各種業界動向／専門分野のデータ・資料	・「矢野経済研究所」（http://www.yano.co.jp/）、 「SMBC 経営懇話会」（https://www.smbc-consulting.co.jp/company/mcs/discussion/）（有料） ・金融財政事情研究会「業種別審査辞典」（http://www.kinzai.jp/jiten/index_12th.html）（有料） ・各業界紙、業界トップ企業の IR 資料・HP　など ・自動車生産台数：一般社団法人日本自動車工業会 HP（http://www.jama.or.jp/） ・機械　　　　　：一般社団法人日本産業機械工業会 HP（http://www.jsim.or.jp/） ・建設工事　　　：一般財団法人 建設経済研究所 HP（http://www.rice.or.jp/） ・不動産　　　　：公益財団法人不動産流通近代化センター HP（http://www.kindaika.jp/） ・外食　　　　　：一般社団法人日本フードサービス協会 HP（http://www.jfnet.or.jp/） ・運送業　　　　：公益社団法人全日本トラック協会 HP（http://www.jta.or.jp/） ・スーパー　　　：日本スーパーマーケット協会 HP（http://www.jsa-net.gr.jp/） ・スクラップ　　：一般社団法人日本鉄リサイクル工業会 HP（http://www.jisri.or.jp/） ・畜産物・卵価格：JA 全農 HP（http://www.zennoh.or.jp/） ・野菜相場　　　：日本農業新聞（http://www.agrinews.co.jp/）　など

図表 3-10　外部環境分析のポイント

項　目	チェックポイント
市場規模・動向	・国内（外）のトレンド、市場規模を大きく捉える。 ⇒伸びているのか、縮小傾向か。 ・主な買い手と売り手を明確にし動向を調べる。 ・最終的なエンドユーザーと、変動要因を知る。 　自動車：為替動向、税金など 　建設：公共工事の増減、資材価格、雇用環境など 　運送：製造業の動向、燃料価格、運賃相場など 　食品卸：相場動向、小売りの業績、消費動向など 　旅館：国内景気、賃金動向、為替推移（外国人）など ・同業者、競合企業数推移 ⇒伸びる産業には競合が集まる、縮小する産業は撤退・廃業で減る。ただし残存者メリットもある。 ・どのような影響が当社にとってプラス・マイナスになるかを知る。 ⇒円高／円安、商品相場上昇／低下など。輸出入や仕入販売の立場で影響が変わる。 ・対象先企業の主な製商品のライフサイクルを確認する。 ⇒導入期・成長期・成熟期・衰退期 ・代替製品の存在とその動向を確認する。
価格推移	・中長期（年単位）と直近2～3年（月単位）の相場動向。 （各業界団体、経済産業省等のHPで確認できる） ・価格高低と、対象企業の売上高の関連をつかむ。 ⇒価格だけでなく取扱量を見なければ誤認することがある。決算上は増収でも、相場上昇の影響が強いだけで販売量は減っているケースは多い。
大手企業の状況、動向	・業界上位企業や大手納入先のHP、IR資料、中期計画などを確認する。 ⇒今後の市場見通し来期以降の戦略などを確認することで、対象企業への影響を検討する。
近隣競合企業の状況、動向、取引先、規模など	・対象企業が認識している競合先の規模、業績。 ⇒帝国評点などを調べて提供すると顧客は喜ぶ。 ・過去の競合への転注、失注など、その要因を経営者に確認する。 ⇒価格、品質、人的つながりなど何が最大の要因か。 ・可能な範囲で、競合大手企業のビジネスモデルを参考にする（HP等開示資料）。 ⇒どこに優劣があるのか、そして対象先企業が取り入れることができるものはないか確認する。 ・新規参入企業／製商品の動向について確認する。
マーケットシェア、推移	・中小企業では公表されているものはほとんどないことから、対象企業を通じて販売先へヒアリングする。 ⇒納入シェアなどで大体の検討をつける。 ・シェアが大きいと、強気の価格交渉が可能となる。 ⇒交渉をしていない企業が多い。過去の実績やできない理由などを確認したうえで、アドバイスする。
財務指標との比較	・標準的な企業群とのかい離を確認する。 ⇒中小企業の財務指標等を活用し、大きく異なる点は要因を押さえる（原価構成、人件費率等）。

3-5 事業の流れを押さえる

　金融機関の担当者の中には、経営者と話をするのが苦手という人がいます。自分の父親より年上の経営者と一対一になると世間話以外に話ができず、自身のセールス（マル保付融資、カード、金融商品など）が終わると、さっさと次の訪問先へ向かってしまうのです。

　今は成果を上げていればよいのかもしれませんが、皆さんは、これから課長、次長、支店長へとステップアップし、部下を指導する立場になっていきます。金融機関の担当者である以上、融資業務は常に中軸にあり、いずれ部下と一緒に融資先の経営改善支援を行う機会はやってきます。

　経営者との話は、より次元の高いものになってきますし、場合によっては経営改善に向けた提言を求められることもあるでしょう。当然、部下がいますので的外れな発言は避けたいものです。

　経営者から事業の話をヒアリングしたり、改善策を一緒に考えることにもコツやポイントがあります。

　経営者と話をするのを苦手としている人には特徴があります。例えば、話が単発で途切れるとか、脈絡がなくなることが多く、場当たり的に思い付きの発言をしているため経営者との面談が盛り上がらず、その結果、苦手意識が芽生え無難な会話に終始するという悪い流れになってしまうのです。

　天性のセンスのある営業マンなどは別ですが、経営者との面談に苦手意識を持つ人は、何らかのツールを準備し、そこに落とし込むという進め方がより効率的です。

　前置きが長くなりましたが、ここからは、事業の見方・聞き方について、ツールの紹介も含め、より具体的に踏み込んでいきます。

（1）事業の全体像と流れを捉える

　前述しましたが、金融機関の担当者である皆さんが、対象先企業の事業の細部について知ろうとしても限界があります。しかしながら、最低限のこと、つまり事業の全体像と業務の大まかな流れを押さえなければ、経営改善支援は進まないどころか、スタートに立つことすらできません。

　どこから仕入れて、どこへいくらで販売しているのか、また製造業であれば、何人でどんな工程でどれだけ製品を作って販売しているのか、というビジネスモデルを捉えるということです。

　この事業全体像を大きく押さえた上で、経営者との面談などを通じて部門ごとなどの細部にどんどん肉付けし、深堀りをしていけばよいのです。

（2）俯瞰図の作成と活用

　それではまず、俯瞰図について説明します。

　前節までに、企業の大まかな概要（沿革、財務内容、外部環境）をつかみましたが、それらを踏まえ俯瞰図というツールを用いて、事業の全体像を把握していきます。

　この俯瞰図とは、その名前のとおり、企業の商流である「仕入先」「販売先」「外注先」「出資の状況」「関連会社」などを含めた全体像をつかむために用いる図を指します。関連会社が多い場合は、企業集団の事業関連性、個人の関与状況、出資、融資などの状況を整理するためにグループ関係図を別途作ったほうがよいでしょう。

　俯瞰図の作成にあたっては、決算書等を見た上で事前準備（素案作成）を行い経営者にヒアリングしていく方法が最も効率的です。経営者に一から聞かなくても、決算書で主な仕入・販売先は確認できますし、外注先、関連会社、出資状況等も分かります。これらの主要先をピック

アップし、可能であればそれぞれ2～3期分の取引実績を記載しておくと、より有意義なヒアリングができます。

　経営者とのヒアリングを通じ、取引先企業の最新の取引状況、見通し、そしてどの取引（先）が対象企業にどれほどの影響を与えているのかを確認します。

　全体を見渡す中で、「どのようなビジネスを行っており、どこが収益源なのか」「どこに問題があるのか（どの取引・事業・製商品などが問題なのか）」「何が企業経営に影響を与えているのか」「リスクは何か」そして「改善の可能はあるのか」などについて、経営者と一緒に考えるためのツールとして使用します。

　こうした図や書面などを用いて数値やモノの流れを視覚で捉えたほうが、経営者の思考は深まりますし、問題点の抽出や改善策の立案などもイメージしやすくなり、ヒアリングも圧倒的にスムーズに進みます。その結果、経営改善策の内容はより具体化し、実現性も高まってきます。皆さんにとっても企業の実態をより深堀りすることが可能になるのです。

　筆者は、これをベースに各取引の細かいところ（取引先別や製商品別の取引採算など）まで調査しますが、金融機関の担当者には時間に限りがあるので、まずはこうした全体像を捉えることができれば十分です。

　手ぶらで対象先企業を訪問し、経営者に「あそことの取引はもっと大きくならないのですか？」「貴社の問題点は何ですか？」などの漠然とした質問を投げかけても、浅い回答しか返ってこないものです。その結果、経営改善策は具体化せず、実現できない可能性が高くなります。

　金融機関の担当者の皆さんは、こうしたツールを事前に準備して面談に臨むことが効果的・効率的ですし、経営者はいくらでも話してくれるようになります。

(3) 俯瞰図から何を読み取るか

　ここで俯瞰図の例を解説します。

図表3-11、3-12は、ある製造業企業（自動車部品メーカー）の俯瞰図とチェックポイントです。同社は、自動車メーカー（トヨタ、日産など）の3次下請けに位置付けられます。

　俯瞰図において、「ビジネスの状況」「モノ・カネの流れ」をつかみます。俯瞰図を作成した後は、単に取引状況を確認するにとどまらず、次のようなことまで発展させて活用するとより効果的です。

・採算状況から低収益、非効率、重複業務等の改善を検討する。
・新たな市場や顧客等、手薄な分野・攻める分野等を模索する。
・それぞれの取引内容を再度確認し改善の余地を探る。

　また、大口融資先などでしっかり分析することが（時間的に）可能な先であれば、現場社員を交えてミーティングすることで、より深い実態

図表3-11　俯瞰図

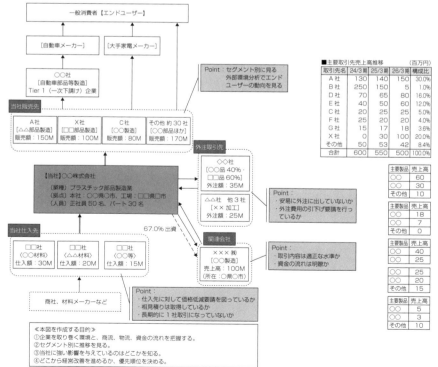

第3章 事業内容をどう把握するか

図表3-12 俯瞰図のチェックポイント

項　目	チェックポイント
販売先	・主要取引先との取引状況・推移（2〜3期分）。 ⇒大口先のうち新規先と落ちた先は理由を確認する。 ・販売先の集中・分散状況（一般的には分散しておいたほうがリスク軽減を図れる） ・大口先の信用状態はどうか。 ⇒金融機関は帝国評点等による調査を踏まえたアドバイスは可能（経営者はとても喜ぶ） ・攻めていない、攻めあぐねている分野を見いだし、そこに対する強化策を検討する。 ・売上金額だけでなく販売単価の推移も見る。 ⇒値上げ値下げ実績と今後の改善可能性を検討する。 ※「製品別売上高÷販売数量」で算出する。 ・同一製品商品を複数社へ販売している場合、製品別、取引先別などに販売単価を比較し、差異の理由を確認する。 ⇒過去からの惰性で価格が決まっていることが多い。 　価格交渉を促すことが必要（営業担当者ごとなどにチェックリストを作り進捗管理させる）。
エンドユーザー 価格決定権 影響力	・エンドユーザーまでの流れと、どこ（誰）が強い影響を持っているのかを見る。 ・どのような影響が当社にとってプラス・マイナスになるかをつかむ。 ・製造業の場合、生産量は最終メーカーの生産計画や市場動向（景気、補助金など）に左右されるため、上位メーカーの動向を調べる（最上位メーカーが上場企業などである場合、生産計画・方針が公表されているケースもある）。
仕入先	・仕入金額ではなく、仕入単価を数期間並べて見る（仕入量・金額のデータを取り受ける）。 ・同一製品を複数社から仕入れている場合、仕入単価を比較する。 ⇒過去からの惰性で価格が決まっていることが多い。 　相見積りを取っていない（取ったことのない）ケースは非常に多い。 ・価格交渉について購買先ごとリストアップし、交渉状況の進捗を管理する。 ※仕入原価の削減は、収益改善の柱になるという意識を持つことが重要。
外注先	・なぜ外注が必要であるかを押さえる。 ・特殊技術等が必要で外注を使う場合は仕方ないが、自社で対応可能な業務を多忙等の理由で外注にする場合は、業務フローを確認し、要因を把握し改善を促す。 （業務進捗管理、案件平準化、外注発注ルール策定等）
出資者	（第3章3節参照）
関連会社	・業務上の関連性を確認する。 ・関連会社との資金・業務の流れを押さえる。 ・資産管理会社の場合、家賃、手数料名目で資金を融通しているケースが多いので、取引実態と資金流出の削減可否を確認する。
借入先	・金融機関以外であれば、借入した経緯・目的。 ・返済予定
融資先	・融資した経緯 ・回収の可能性

把握と具体的な改善策が出てくるケースが多いです。

　これら資料について、筆者は職業柄、事前にパワーポイントなどで作成した上で会社を訪問していますが、皆さんの場合は、時間に限りがあるので、Ａ３判の用紙やホワイトボードなどに記入し、議論すれば十分です。

　作成は、用紙の真ん中に取引先企業を記載し、下に仕入先、上に販売先、左右に外注取引等を入れ、あとは大口先の取引推移、低採算取引、経営に強い影響を与える先などを追記し、経営者と問題点を共有すればよいでしょう。

　当然のことですが、俯瞰図を作ることが目的ではありません。目的は、これを見ながら経営改善に向けたネタを探し、議論を深めることです。形式にこだわらず、本質を突いた進め方を行ってください。また、こうした話をすると、経営者は自社の状況を客観的に見ることができ、深く考えるようになります。

　このようなアプローチを取る金融機関の担当者はまだ少なく、他金融機関との差別化ができるとともに、経営者と目線を合わせることによって、今後の経営改善支援もスムーズに進むものです。

　次に俯瞰図作成にあたっての応酬話法を紹介します。

【応酬話法　〜俯瞰図の作成〜】
(担当者)　今回、貴社の経営改善のお手伝いをさせていただく上で、改めて事業内容について確認させてください。まず、貴社の事業全体像を大まかにつかみたいので、この用紙に基づいて、貴社のビジネスモデルをお伺いできますか？
　　　　　（Ａ３判の用紙に記載した俯瞰図のフォームを見せる）
(経営者)　いいですよ。
(担当者)　こちらは俯瞰図というものです。貴社を中心に、主にどこから仕入れ、どこへ販売しているのかを示します。また関連会

第３章　事業内容をどう把握するか

　　　　　　社や、外注先などを入れることで、貴社のビジネス全体を捉えるためのものです。
　　　　　　　まず、現在の取引状況を当てはめ、その後、各取引の採算状況と照らし合わせることで取引見直しを進めたり、また新たな市場がないか検討するなど、今後の経営改善に向けた、たたき台の一つとして活用していきたいと考えています。
　　　　　　　今回、これまで貴社にいただいた資料に基づき大まかな取引状況を記載してきました。販売先は主要３社と各３期分の売上高実績、仕入先は主要３社を記載しました。加えて子会社１社と主な外注先２社を入れました。内容をご確認いただけますか？
（経営者）　大体合ってるよ。あえていうなら、販売先Ｂ社との取引は前期に大きく減ったので、Ｘ社と入れ替えたほうがいいね。
（担当者）　かしこまりました。それでは入れ替えます（Ｂ社との取引縮小の理由確認は省略）。
　　　　　　　社長の頭の中には、貴社の取引全体像が入っていると思いますが、こうして図に落とし込んで全体を俯瞰して見ると、今後、力を入れるべき取引（取引先・製商品・業態など）や、逆に気になる取引などが見えてきませんか。また、各社の過去数期分の取引トレンドと、取引採算状況も併せて見ることで、気になる取引なども出てくるのではないですか？
（経営者）　それはどういうことかな？
（担当者）　例えば、販売先について取引推移を視覚で捉えることで、新たな市場の検討や、同一製品なのに価格差が生じる要因を分析するなど、幅広く活用できます。また、仕入や外注については、常時、相見積もりを取って原価低減を図っているか、など業務改善を考えることにも使えます。
（経営者）　そういう活用方法もあるのかね。

（担当者）はい。この図は単に作って終わりにするのではなく、当行としては、貴社の取引全体像を把握したうえで課題を共有し、今後の経営改善に役立てていきたいと考えています。
（経営者）なるほど、分かったよ。
（担当者）また、どこが貴社に影響を与えるのかをつかむためにも使えます。例えば、取引先のさらに上位の取引先が分かれば、その動向を公表資料などに基づき調査し、今後の見通しをお知らせすることも可能となります。そこが上場企業であれば、生産計画や基本方針を公表しているので、来期以降の受注動向が見えてくるかもしれません。そうした分析を貴社と一緒になって対策を練りたいと思います。
　また、仕入先については、同等の製品を扱う取引先もあると思いますので、本部を通じてビジネスマッチングなどの営業支援もできるでしょう。さらに、この図に出ていない新たな業態への進出を検討したり、取引方法を見直すなどの、経営戦略策定にも生かせます。
　これまで、当行としては貴社の実態を深く把握できていませんでしたが、今回、俯瞰図を策定することで貴社の取引全体像が分かりました。これから数ヵ月間、経営改善に向けた計画策定について、しっかりとお手伝いをさせていただきたいと考えています。
（経営者）よろしく頼みますよ。
（担当者）こちらこそ、よろしくお願いします。

　どうでしょうか。こうした本業の話であれば、経営者は一生懸命、皆さんに話をしてくれるようになるはずです。次回以降の面談では、俯瞰図への肉付けや、具体的な経営改善策について話をすればよいのです。

3-6　業務上の問題点の確認

(1) 業務フロー確認の必要性

　前述しましたが、中小企業は、良くも悪くも外部環境の影響を強く受けます。この外部環境とは、景況感、為替、仕入資材などの価格動向、仕入・販売先の業績や競合の進出などがあげられます。そして、これらは中小企業単独では抗うことは難しいものです。

　一方で、業績が低調な企業は外部環境の影響以外にも何らかの内部的な問題・課題を抱えており、これも業績悪化要因の一つとなっています。そして、この要因を取り除かない限り、業績改善は覚束ないでしょう。逆にいうと、この内部的な問題・課題を改善することこそ、自助努力による業績改善に向けた第一歩になります。

　例えば、販売価格の値付けが甘く適正な採算を確保できていないとか、ムリ・ムダの多い製造体制のため多額のロスが生じているとか、人材配置が管理できていないことにより残業代が著しく増加しているなどの課題があると、これらが損益悪化の原因となっています。よって、これらの改善を行わない限り収益改善にはつながりません。

　つまり、皆さんが経営改善計画の策定支援を行う上で、この内部的な課題を取り除くことを収益改善策として織り込む場合、各部署・部門間・各業務の内容と流れである業務フローを押さえ、それぞれの部門や業務間で生じている課題について正しく認識することが不可欠です。

　進め方としては、まず財務分析において「定量的な問題点」の目星を付け、経営者などから業務上の「定性的な問題点」を確認し、その課題である業務を改善することで数値改善（支援）につなげるという流れになります。

　ポイントを整理すると次の①～③のようになります。

①業務の流れに沿い、どの部門・業務に問題を抱えており、その影響はどの程度あるのかを業務フロー図を作成した上で判断する。
・特急製品（コストアップ要因）がなぜ発生するのか等、決算書から見えない課題とその原因を発見する。
・社長は業務フロー図を見ることで自社の抱える問題点を細分化でき、整理しやすくなる。
②なぜ問題が生じているのか。社内（経営陣⇔社員、部門⇔部門）のコミュニケーション、組織構造上の問題を捉える。
・経営改善は現場の意識変革が必要。
・現状把握のため、社員との面談により現場の意見、意欲を確認することが望ましい。
③全体最適を目指す。
・ある問題が他の業務へどのように影響しているか、改善すれば全体がどう変化するのかを判断する。
・企業の体質・運営上の問題点を見つけ、全体最適となる改善策を検討する。

（2）業務フロー図とその作成方法

　次に、業務上の問題点を体系的かつ視覚的に捉えるため、また経営者や従業員から現状と課題を引き出すために作成する業務フロー図の作成について説明します。

　本表では、業務・モノ・指示系統の流れを通じ、全社の各業務・部門・もしくは連携の状況を図示するので、経営者もどこに問題があり、またどこがボトルネックかが明確化され、改善策を検討しやすくなります。

　俯瞰図と同様に、こうした図を見ることで、漠然と口頭のみで問題点を確認するよりも、経営者も改善に向けたイメージが湧きやすくなります。一度作成すると、以後は他社のやり方との比較が可能となります。

第3章　事業内容をどう把握するか

同業種では同じような問題点を抱えていることから、こうした経験を積むことで、より適切なアドバイスが提供できるようになります。

筆者は、本表を策定するために、通常は複数回の役員・社員面談を行い、課題の抽出と改善策について深堀りを行います。また、経営陣の認識と現場の実態のズレなども検証しています。しかしながら、金融機関の担当者としては、そこまでの時間は取れないかもしれません。よって、まずは代表者に全体像を聞きながら、対象企業内部の問題、ボトルネック、連携上の問題などを大まかに捉えることから進めます。

そこで、次に業務フロー図の作成方法について解説します。作成にあたって特にルールはありませんし、細かい記号の定義も気にする必要はありません。皆さんと上司、融資・審査部、そして対象企業の経営者と情報を共有できさえすればよいのです。

例えば次のような方法で作成します。
・A3判サイズの白紙を準備する。
・当社を中心に、上段に販売先、下段に仕入先を記載する。
・当社の営業を基軸に、モノ・情報の流れに沿って、企画開発、仕入、製造、販売という流れで、各担当者（部門）をプロットしていく。
・各々の内容を経営者に確認する。
・連携の問題、コミュニケーション上の課題、ボトルネックが分かれば状況を押さえる。
・改善策を経営者と一緒に検討する。

この方法なら経営者はいくらでも話してくれるはずです。

「貴社の問題点と改善策を教えてほしい」と切り出しても有益な情報を引き出すことは難しいですが、こうした図を作成することで、経営者も普段気になっていることが整理でき、より深い議論ができるようになります。

そして抽出された課題と対策、改善による（収益）効果を数値計画、

行動計画（アクションプラン）に織り込んでいきます。

なお、**図表3-13**は一部門だけの記載ですが、内容が異なる事業部門があれば、それぞれ作成することにより、実態がつかむことができます。

(3) 業務フロー上の課題の確認

業務フローを確認することで得られる主な課題としては、**図表3-14**のようなことが挙げられます。通常、これら事業上の課題が、決算書において売上高減少やコストアップとして反映されます。同表では、業務部門ごとに個別事象を売上減少の影響とコスト増の影響とに分類して記載しました。

経営者に業務上の課題ならびに改善策を確認する際には、この図表を参考に質問を投げかけてみるとよいでしょう。

これらの内容はごく一般的なもので、筆者が頻繁に見かける事象です。収益改善を行うということは、あたり前ですが売上を増やしてコストを下げるということです。別の見方をすると、結果をもたらした原因

図表3-13　業務フロー図

区分	① 営業	② 開発・設計	③ 購買	④ 生産・配送	⑤ 販売（納品、代金回収）
所在	本社、各営業所	本社		工場	各営業所、本社
販売先	（販売先窓口）○○○ ○○○	ルートセール		納品	（販売先窓口）○○○ ○○○
当社	営業部／顧客ニーズを連絡	営業からの要請で改良、開発／開発部／設計図	購買部／発注　納品／部品配付	製造部／発注／検査課／物流部／納品	納品／営業部／入金確認／経理部／支払
仕入先外注先			部品メーカー	外注企業	

≪本図を作成する目的≫
①タテ軸（社内と社外の連携）、ヨコ軸（時間、業務の流れ）で考える。
②業務連携、情報伝達は的確に行われているか。コミュニケーション上の問題はないか確認する。
③ボトルネックはどこか確認する。ムリ、ムラ、ムダの発生→コストアップの原因。

第 3 章　事業内容をどう把握するか

図表 3-14　各部門の課題と改善策

部門	影響	主な課題〈例〉
営業部門	売上減少	・製商品、サービスごとの採算管理ができていないため、適正な見積価格を提示できていない。 ⇒各営業員は個社別・製品別採算を把握していない。 ・個人別の社内評価項目が売上のみのため、採算を無視した安易な価格設定、値引きが横行している。 ⇒販売価格の決定方法が不明瞭。 　値引きのルールが定まっておらず、担当者によって販売単価がバラバラ。 ・各自の目標設定が曖昧。 　上席が昨年実績に基づき配分しただけであり、目標が高すぎ計画未達になることが常態化している。 　営業員も達成できなくて当たり前だと思っている。 ・旧来型のお願いセールス主体のルート営業を続けているが、改善指導がない。指導者がいない。 ・新業務への取組み、新市場開拓に対する明確な方針が各営業員に伝わっていない、理解していない。 ・開発部門へ顧客要望を伝達しておらず、製品開発に活かされていない。 ⇒情報共有が仕組み化されていない（中小企業では多い）。 ・営業員が顧客トラブル対応に奔走しており、本来のセールス活動に専念できていない。
	コスト増	・営業担当者の行動管理ができておらず、見込先管理、訪問管理（事前・事後報告）もない。 ・非効率な遠方出張を繰り返しているが、チェックや修正指示はなし。 ・顧客の急なオーダーを製造部門へ伝えていないため、特急製造、外注発生でコストアップの要因となっている。
開発部門	売上減少	・既存製品の更改止まりの開発に終始している。新製品開発力は弱い。 ・他部門からの情報共有がほとんどないことに加え、現場へ出て顧客ニーズを収集する等の行動を取らないため、ニーズのミスマッチが生じている。 ・製品開発計画、スケジュールが管理されていない。
	コスト増	・部品共通化等のコスト削減には消極的。 ・製品トラブル、不具合への対応が遅れており、事後対応となることでコストアップを招いている。 ・製造、メンテナンス部門との不具合情報共有等の連携が取れていないため、製品トラブル等の削減が進まない。
仕入・購買部門	売上減少	・営業との情報共有が遅く、部品不足による納期遅れが生じている。
	コスト増	・長年、同一仕入先からの仕入を継続しており、仕入価格が高止まりしている（社長も気付いていない）。 ・相見積りの取得がなされていない。 ⇒癒着、馴れ合いが起こりやすい部門 ・部品点数を削減する意識が低く、在庫管理負担が大きい。
製造部門	コスト増	・正確な原価計算が行われていないため、製商品ごとの採算が不明確となっている。 ・見積価格にも反映されず、採算悪化の要因となっている。 ・製造スケジュールが管理・見える化ができていないため、納期遅れが頻発している。 ・安易な外注利用によりコストが高止まっている。 ・繁忙期に合わせた人員配置となっており、また作業量管理ができていないため、高コスト体質になっている。

		・歩留まり率の把握やロス管理が行われていないため、材料費などの高コスト化を招いている。 ・製品トラブル、不具合への対応が遅れており、ロス発生や納期遅れが頻発している。
管理部門	売上減少 コスト増 共通	（営業管理） ・営業戦略、商品企画部門が不在。 ⇒市場トレンドの把握、営業情報などが集約管理されておらず、新たな戦略策定などに活かされていない。 ・部門、製商品ごとの損益実績把握と対策が取られていないため、最適な戦略が描けていない。 ⇒固変分解を行い、主要原価（材料費、労務費、外注費、経費）の傾向と、業界平均等とのかい離要因の検証を行うよう指導、支援する。 ・計数計画は、本部のみで策定しており、フィードバックなし。 ⇒営業が自らの数字と捉えられていない原因 ・営業に売掛金回収を任せており、代金回収漏れが頻発している。 （業務運営） ・社長の完全なワンマン体制であり、意思決定方法が明確でない。 ・会議運営、稟議・協議の仕組みがなく、予実管理を行う仕組みがない。 ・製品の受注から納品までの一連の管理が不在。見える化ができていない。製造スケジュール管理が部署単位に留まっていることから、全社的な納期管理・業務平準化ができていない。突発的な受注に対応できず、外注利用によるコストアップを引き起こしている。 ・期初などに立てた販売計画に固執した仕入、製造計画を行っているため、状況変化に対応できず、仕入・製造の過不足が頻発している。 （人事管理） ・全社を通じた人員管理を行っておらず、部署ごとに人員補充しているため、全体として過剰となっている。 〈例〉A・B両部門で1.5人必要 ⇒それぞれが2人補充しており、全社では1人過剰
その他 （部門間コミュニケーション）	売上減少 コスト増 共通	・連絡、連携ミスによりムダな発注、納期遅れ、顧客対応漏れ等のトラブルが頻発している。 ・製造業では、下記部門間の連携が悪いことによる、ミストラブルが極めて多い。 A）営業 ⇔ 開発 B）営業 ⇔ 製造 C）開発・製造 ⇔ メンテナンス

を取り除くということです。

　よって、経営者に対して単純に「売上をもっと伸ばしてください」「コストを削減しましょう」と伝えるだけでは実効性に乏しいため、前記のような事業上の課題を経営者と一緒になって見いだし、これに対する改善策を検討するということが、金融機関が行う経営改善支援のポイントになります。

　内部面の課題としては、管理とコミュニケーションの問題に起因する

ことが多いです。

　金融機関の場合は、業務運営方法から実際の各種業務まで、マニュアル、稟議システム、管理体制などが厳格に決められています。しかしながら、中小企業でこれらが制度化、運営されている会社はごくわずかです。

　例えば、営業部門では担当者の判断による勝手な値引き、開発部門は独自の判断で新商品を開発、仕入部門は同一仕入先から言い値で購入、製造部門の段取りが一向に改善されず残業続き、明確なルールのない外注発注によるコストアップ、製品トラブルは多発…などという状況に陥っている会社もあります。

　これを金融機関にあてはめると、渉外担当者が融資金利を勝手に引き下げ、預金金利を上乗せし、本部企画部門は市場にミスマッチの商品を勝手に企画し営業店へノルマ配布、人事部や内部検査部門はまったく機能せず…ということと同じです。

　金融機関ではこうした事態に陥ることはありませんが、人が少なく管理が行き届きにくい中小企業では、このような状況に陥っているケースも多く見られます。

　また、コミュニケーションも大きな問題の一つになります。

　特に、メーカーであれば、営業と開発・製造部門間で何らかの問題を抱えている会社は多いです。連絡ミスにより特急案件が頻発することで労務費や外注コストが増加したり、顧客の要望が製商品の開発にまったく生かされていないなどの事象が多発しています。

　これを金融機関に置き換えると、得意先・渉外係と融資係との連携がうまくいっていないことで、急な稟議申請の多発や、本部からの指示事項が顧客に伝わっていないなどのケースが該当します。業務フロー図を作成し、経営者に業務上の流れや問題点を確認することで、改めて現状の課題を経営者と共有でき、その後の改善案の策定と改善効果とを正しく見積もることが可能となります。

　現状を正しく把握し、その問題は取り除けるのか、その際の効果はど

の程度なのかを経営者と十分に話をした上で、改善の優先順位を付け、一つずつ行動計画に織り込むことで、計画における実施策が固まってきます。

　金融機関の審査部門が事業計画を検証する際にストレスになるのは、社内の問題点や具体的な改善策が分からず、頑張って数値を良くするというだけの根拠の乏しい計画が出されたときです。

　このように、対象先企業の課題を図示することで、改善する部門・内容が明確になり、また効果についても妥当性が出ることで、現場（支店）への信頼も高まってきます。

　余談ですが、皆さんがこのように管理されていない会社を見ると、ダメだ、再生の見込みは厳しいと判断されることでしょう。しかし、筆者は改善の余地がこんなにもあるということでやりがいを感じます。なぜなら、内部的な問題であれば、何らかの改善をすれば確実に収益改善などにつながるからです。皆さんも、そのように前向きに捉えて、一つずつ改善支援を進めていきましょう。

（4）　改善策の検討

　課題に対して表面的に指摘するだけでは経営改善は覚束ないでしょう。言い換えると、企業が抱える課題を単に数値のみで捉え、指摘するだけでは効果が乏しいということです。

　既述のとおり、財務数値は結果、事業は原因ですから、結果を指摘するのではなく、原因について、その背景や生じた理由等を深堀りし、的確な提言を行うことが金融機関に求められています。

　図表3-15のように課題を深堀りしないと、的外れな提言になってしまいますので、十分に検討した対応を取るようにしてください。

　こうして、経営者が経営改善に取り組むきっかけが生まれ、経営改善が進むことで企業の財務内容が良化し、最終的に格付のランクアップにつながってきます。

郵 便 は が き

料金受取人払郵便

中野局承認

4791

差出有効期間
平成29年1月
31日まで

| 1 | 6 | 4 | 8 | 7 | 9 | 0 |

140

東京都中野区
中央1－13－9
株式会社 **近代セールス社**
ご愛読者係 行

|||||||||||||||||||||||||

ご住所	〒□□□□-□□□□　　□ 自宅 □ 勤務先（いずれかに☑印を） ☎（　　　）　　－	
お名前	（フリガナ） 	
Eメールアドレス		
ご職業		年齢　　　歳

＊ご記入いただいた住所やEメールアドレスなどに、小社より新刊書籍などの
　ご案内を送らせていただいてもよろしいですか。
　□ 送ってかまわない　　□ 送らないでほしい

※当社は、お客様より取得させていただいた個人情報を適切に管理し、お客様の同意を得ずに第三者に提供、
　開示等一切いたしません。

●アンケートへのご協力をお願いします●

　本書をお買い上げいただき、ありがとうございました。今後の企画の参考にさせていただきたく、以下のアンケートにご協力をお願いいたします。毎月5人の方に図書カード (1000円分) をお送りいたします。

(1) お買い上げいただきました本の書名

(2) 本書をどこで購入されましたか
☐ 一般書店(書店名　　　　　　　　) ☐ インターネット書店(書店名　　　　　　　)
☐ 勤務先からのあっせんで　　☐ 小社への直接注文
☐ その他(具体的に　　　　　　　　　　　　　　　　　　　　　　　　　　　　　)

(3) 本書をどのようにしてお知りになりましたか
☐ 書店で見て　☐ 新聞広告を見て　☐ 勤務先からの紹介　☐ 知人の紹介
☐ 雑誌・テレビで見て(ご覧になった媒体・番組名　　　　　　　　　　　　　　)
☐ ダイレクトメール　☐ その他(　　　　　　　　　　　　　　　　　　　　　　)

(4) 本書についての感想をお聞かせください

(5) 今後お読みになりたいテーマ・ジャンルをお教えください

ご協力ありがとうございました。

第 3 章 事業内容をどう把握するか

図表 3-15 課題を深堀りする

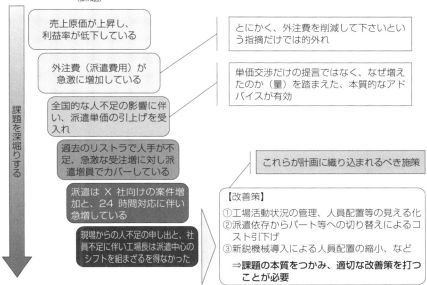

3-7 改善の方向性の決定

　経営改善を実際に進めるのは、あくまでも取引先企業自身です。これまでの事業内容把握等の過程を通じて、経営者に課題を認識させ、金融機関の意図・目指して欲しい状態を伝え、現状を脱却しなければならないという危機感を持たせることが重要です。

　経営者がこの危機感を持つことによって、企業自身が自発的に改善活動に向けて取り組むようになってきます。ここが極めて重要なポイントです。経営者に危機感がなく、金融機関によって作られた数値計画を半ば他人事のように見ているだけでは、決して経営改善は進みません。

　しかしながら、資源に限りのある中小企業に大量の課題を投げかけても、逆に混乱するだけで、改善活動に進むことはほとんどありません。

　したがって、金融機関の担当者である皆さんは、これらの課題を整理

し、経営者に現状をしっかりと把握させた上で、今後の方向性と優先順位を決めることが必要です。

以下、経営改善計画書を策定（支援）する上で行う課題の整理と、改善の方向性の検討について説明します。最後にヒアリングのチェックリストを付けたので、面談の際に活用してください。

(1) SWOT分析とは

対象先企業の経営体制、商品・サービス、業務運営、組織などそれぞれの特徴を「強み(Strengths)」「弱み(Weaknesses)」「機会(Opportunities)」「脅威(Threats)」の4つの視点で切り分けて分析する手法を「SWOT分析」といいます。これは、ほとんどの金融機関において対象先企業を分析する手法として取り入れられていますので、実際に作成したことがある人も多いのではないでしょうか。

企業の現状を、内的要因の「強み」「弱み」と、外的要因である「機会」「脅威」とに分け、強みをいかにして伸ばすか、弱みをいかに克服するのか、外部環境の変化・影響をいかに取り込み、もしくは避けていくのかという方針に基づき、戦略を練っていきます。

また、対象先企業のみと機会を組み合わせ積極的な戦略を練ったり、弱みと脅威を組み合わせ防御する戦略を考えると、より効果的な戦略策定ができるようになります。

(2) 今後の方向性の検討

ここまで、「窮境の現状と原因」「外部環境」「俯瞰図（ビジネスモデル）」「業務フロー」そして「SWOT分析」を通じて、対象先企業の現状と課題の深堀りについて説明してきました。これらの内容を踏まえ、具体的な経営改善策を経営者と一緒に検討していきます。

ポイントは、最終的に数値計画にどのように落とし込むかを考えながら進めること、そして金融機関から見て、対象先企業が独力で実行でき

第3章 事業内容をどう把握するか

るのか、経営者や従業員が改善活動を行っている様子をイメージできるか、ということになります。

せっかく素晴らしい方針を練っても、実際に経営改善にあたるのは対象先の経営者と従業員です。対象先企業自身が実現できる内容でなければ、単なる絵に描いた餅になってしまいます。普段から経営者と接点を持ち、どういう経営者であるかを知り、同業他社など多くの企業や経営者を見てきた金融機関の担当者だからこそ、こうした客観的な判断ができるのです。

よって、金融機関はその支援者として、人的・資金的な資源が限られる中小企業に対し、やるべき項目の抽出と、改善効果と時間軸（短期・中長期）を押さえた上で、効果の大きい項目から優先順位を付けて取り組むというアドバイスが期待されます。

例えば、自社の製品が売れない場合、どういう問題があるのかを深堀りします。問題は機能なのか、価格なのか、そもそも消費者ニーズに合致しているのかを把握しなければ正しい対策は立てられません。

また、営業効率が低いことへの対策としては、セールス方法に問題はないか、営業ツールの有無や内容に問題はないか、ムダな出張などの営業コストが多額になっていないかなど、担当者ごとに調査し、改善の可能性と対策を探り、その施策を経営改善計画に織り込んでいきます。単に「営業力を強化すべきだ」と指摘するだけでは経営者は動きません（というよりも動けません）。

こうして、皆さんが俯瞰図、業務フロー図等を通じて抽出した課題に対する改善効果は、イコール収益改善額になります。

以下は、今後の方向性を検討する際のポイントです。

①事業（企業の実態）を正確に把握し課題を明確化することで、具体的な改善策の立案サポートにつなげる。

⇒製商品の販売・採算状況、業務フロー、社内管理等を見ることで、どこでどの程度改善できるか見積もっていく。可能な限り時間軸を

定め、数値化する。
②損益面、財務面、経営管理面の三方向から可能な改善策をすべて抽出する。なお、金融機関の継続支援を取り付けるためには、まずはリストラへの取組みから開始することが通常。
③シュリンク（縮む）するだけではなく、企業の将来に向けた施策の準備、努力を促すことも必要。計画はあくまでも金融機関の支援を取り付けるための最低限の目標であり、リストラだけの計画では企業の将来性はない（存続できない）。
④金融機関の行職員（第三者）が、他社事例などを引き合いに具体的に問題点を指摘し、改善の方向性を指し示す。
⇒なぜ、いくら、いつまでに改善しなければならないかを経営者と共通認識を持ち、金融機関がサポート（モニタリングチェック）していく姿勢を見せることが必要。
⑤中小企業に対し、財務分析の結果だけをもって改善を要請（指示）しても、経営者の自助努力だけで改善することは稀である。
⇒可能であれば、会議への参加、社員面談などを行うと社内の意識も大きく変わる（企業側は、皆さんが思っている以上に相当なプレッシャーを受ける）。
　状況にもよりますが、社長から幹部社員に会社の現状を説明させ、全社で改善に向け取り組むという意識を醸成させることが重要です。

（3）経営改善策の決定

　図表3-16は各項目に対する改善策の一例です。経営改善策は個別の要素を織り込む必要があるため、本書では一般的な内容に留めていますが、根本的な原因は似通っている点が多くあります。
　そして、それぞれの対策について責任者、期限、見込む効果等をアクションプランに織り込み、進捗を管理します。
　第2章で説明したとおり、金融機関が行う経営改善支援の目的は、対

第3章 事業内容をどう把握するか

象先企業の資金繰り改善と損益改善です。常に、この視点を持ち、効果を考えながら、経営者と一緒になってより具体的な改善策を考えることが大切です。

図表3-16 主な経営改善策

課　題	主要改善策（例）
売上拡大	・取引先別、製商品別、担当者別に積み上げ計画・見込先リストの策定 ・しっかりとした予実管理体制の構築 ・大型案件偏重から効率的な中小型案件重視への変更 ・不採算取引については、撤退も視野にロジックに基づく価格引上げ交渉の実施 　（しっかりとした採算管理ができていることが前提） ・ターゲット顧客の見直し（低価格→高価格、団体→個人など） ・高品質化による他社との差別化、付加価値の提供 ・伸びる部門（重点攻略先）への、需要を取り込むための営業人員の増員 ・新製商品の開発、取扱いの開始 ・採算状況に応じて営業頻度を見直す ・業務提携による他社との相互補完 ・広告宣伝活動の積極化（HP、SNS拡充など） ・老朽化の激しい店舗の改装による集客アップ
原価改善	・部門別の採算管理体制の導入 ・不採算部門の縮小・撤退と事業の選択 ・不採算性商品の廃止 ・余剰在庫の削減と在庫管理のシステム化 ・廃棄ロスの削減 ・相見積もりの取得 ・部品共通化による材料コスト提言 ・一部部品の海外製造導入 ・オペレーション見直しによる労務費の削減 ・ムダな外注の削減、発注ルールの見直し
コスト削減	・役員報酬の見直し ・オペレーションの見直しによる人員削減と効率化 ・支払家賃の適正相場への見直し交渉の実施 ・物流コスト引下げの折衝 ・その他経費、手数料の削減、引下げ要請の実施
財務リストラ	・遊休不動産、本業に関係ない資産の処分、売却による有利子負債・支払利息の圧縮 ・上記不動産の賃貸化による賃料収入の確保
設備投資	・老朽化施設の一部閉鎖、集客施設の更新など、メリハリを付けた設備投資の実施
管理面	・各種管理の体制構築（営業・財務・採算・製造・在庫等） ・従業員教育の実施 ・売上債権、棚卸資産等の回転期間短縮に向けた活動 ・若手を含めた社内PT（プロジェクトチーム）組成、横断的な活動
経営責任	・役員報酬の削減 ・個人拠出による増資 ・経営者借入金の返済最劣後化

3-8　企業経営者からの情報収集

　本書のテーマである経営改善を進める際、経営者からの正確な情報収集は必要不可欠です。特に、経営者が開示することに消極的な情報（コスト高の要因、非効率な業務体制等の会社が抱える課題）が重要になります。

　この情報収集が十分にできていないと、そもそも前提となる現状認識に誤りが生じ、経営改善自体がうまくいかないだけでなく、最悪の場合、さらに経営を悪化させる場合もあり得ます。では経営者の面談では、何を聞き、何を伝えることが必要なのでしょうか。

（1）面談の事前準備

　まず、面談の事前準備を十分に行います。特にヒアリング項目のピックアップが重要です。

　多忙な経営者を相手にヒアリングをする訳ですから、効率よくヒアリングを実施し、速やかに経営改善を進めるよう心がけましょう。

　その中で特に重要なポイントは、現状把握になります。業況の不振先の場合、究極的には売上減かコスト高に集約されることがほとんどですが、その原因把握が曖昧なまま改善策を策定しても、結果が見込めないばかりか、場合によってはさらなる業績悪化を招きかねません。現状把握については、あくまで、数値根拠の裏付けを取り、過去の経緯も踏まえて正確に把握します。

　①まず決算書より取引先の課題を抽出する。例えば、赤字は一過性か恒常的か、キャッシュフローがマイナスなのか、実質債務超過なのか？

　②そのうえで、B／S、P／Lの異常値を抽出する。この場合、異常値とは、同業他社もしくは同規模の取引先と比較して異常値かどうかを検証する。さらに重要なのは、なぜその数値が異常なのかを数値根拠を

もって経営者に伝えるということです。

例えば、経営者に「なぜ人件費が高いのですか？」とヒアリングしても、どのくらい高いのかが分からないのでは、有益な回答を得ることはできません。

そこで、「同業他社の場合、人件費は売上高の10％程度の会社が多いですが、御社の場合は売上高の20％を超えています。業務効率を見直し、人件費を売上高の10％程度まで削減することは可能ですか？」もしくは「現状の人件費のままで売上高を20％引き上げることは可能ですか？」等、具体的な根拠数値を示して伝えます。

③ピックアップした異常値を元に、自分が経営者になったと想定して、社内のどこに問題があるのか、その問題を解決するためにはどうすべきかについて、検討して自分なりの改善策（ストーリー）を組み立ててみる。同じヒアリングを行う場合であっても、たたき台となる改善策があればより充実したヒアリングが可能になる。

④最後にヒアリング項目を見やすくまとめて面談の準備をする。具体的には、取引先の課題、ヒアリング項目、俯瞰図、業務フロー図程度まで準備できれば十分です。

(2) 金融機関の考え方の説明

取引先の経営改善に際し、金融機関側の求める水準については、開示可能な範囲で経営者に説明します。この説明が不十分だと経営者に改善の重要性、必要性が伝わらず、計画書が単なる絵に描いた餅になってしまいます。

金融機関の担当者からすれば当然知っている項目であっても、経営者になじみのない項目（債務償還年数、実質債務超過等）については十分に説明し、経営者の納得を得ることは経営改善の実施に必要です。特に、金融機関として求める水準（実質債務超過の解消○年以内、債務償還年数○年以内等）も可能な限り説明し、目標を共有することが重要で

す。

(3) 実際の面談

実際の面談ではリストに基づきヒアリングするのですが、予定どおりに進むとは限りません。そのためにも、可能な範囲で想定される質問について事前に準備しておきます。

また、面談をスムーズに進める上でも、面談の目的を事前に説明するようにします。きちんと目的を説明せずに個別の質問を続けても、有効な面談にはつながりません。

初回の面談なら、最初に本日の目的は会社の実態把握であること、そして、実態把握は改善計画策定の大前提となることから、数値根拠を含め正確に把握させてほしい旨を伝えます。同じ質問をする場合でも、事前説明の有無によって経営者から得られる情報にも大きな差が生まれます。

(4) 経営者をその気にさせるには

経営改善に向けて、経営者をやる気にさせることは極めて重要です。金融機関は債権者としてモニタリングを実施し、場合によっては経営陣に助言することもできます。

ただし、現実に経営を指揮し、現場を動かしているのは経営者であり、経営改善は、あくまで経営者主体で進めることが必要です。経営者に主体性がなく、金融機関から言われたからというスタンスでは改善が進みません。

そのためにも、金融機関がしっかりとモニタリングを行い、適宜進捗管理を行うことが効果的です。

いくら正確に計画を策定しても、業績が計画どおりに進むことは少なく、よい方向、悪い方向どちらにもズレが生じてきます。この場合、定期的にモニタリングしていれば、早期に課題を発見し、追加の改善策を

実施することも可能になります。1年間モニタリングも実施せずに、よい結果が出ることはよほどの経営者でない限り少ないでしょう。

また、実績値が計画を上回る場合でも、時間の経過とともに新たな課題が出てくるはずです。これらの情報を可能な限り収集し、計画を修正しつつモニタリングを継続することが重要です（モニタリングの方法については第6章参照）。

（5） 経営改善による相互メリット

経営改善することは、取引先、金融機関双方にとってメリットがあります。金融機関にとっては貸倒引当金のコストが下がることで収益に貢献します。また、業績回復によって新規の融資が可能になれば新たな資金需要に応えることも可能になります。

金融機関の関与により経営改善ができたと経営者に思ってもらえれば、担当者が代わった後も、取引先の金融機関に対する強い信頼関係を残すことができます。金融機関の担当者は数年で交代しますが、経営者はそのままであり、交代したとしても親族の方が承継する場合がほとんどです。

筆者も金融機関在職時、何年も前に金融機関が紹介した取引先のことを覚えていた経営者がいて、営業がスムーズにできる先がありました。その一方で、悪い事項も引き継がれる点には注意が必要です。経営改善支援とは名ばかりで、結局、金融機関が保全を図っただけだったなどの不信感が残った場合、その不信感は担当者が代わった後もずっと残ってしまいます。

また、経営改善のノウハウは、その後、他の取引先の改善計画策定時にも有用なものとして残ります。実在する取引先で実施したコンサルティングは、その金融機関独自のノウハウとして次回以降のコンサルティングにも役に立ちます。これらノウハウの蓄積が金融機関の差別化にもつながってくるのです。

3-9　ヒアリング項目とチェックリスト

　本章の最後に企業経営者との面談や工場などを訪問する際におけるチェックポイント、ヒアリングすべき項目をまとめました（**図表 3-17**）。

　前述のとおり、経営者との面談や、店舗・工場を訪問する際には、相応の準備をしておかなければ、有意義な情報は得られません。特に工場訪問など、どこを見て何を聞けばよいのか分からないという担当者も多いと思います。

　そこで、本表を参考に有効な面談を進めてください。これに肉付けし独自のチェックシートを作成すると、より具体的なヒアリングができるようになります。

第3章 事業内容をどう把握するか

情報をどんどん入れて知識になり
知識を集めて知恵を作っていく
どんな仕事もきっと同じはず

井上ひさし
『ふかいことをおもしろく 創作の原点』
（PHP研究所）

おかげさまで
創立60周年
60th ANNIVERSARY
株式会社 近代セールス社
www.kindai-sales.co.jp

		ヒアリング項目・チェックポイント	チェック
		・中長期的なビジョン・戦略、方針について	
		・自社の強み、弱み	
		・経営上の課題、ネック	
		・企業の沿革とこれまでの実績（成功・失敗事例、経営判断の内容など）	
		・窮境の状況と原因	
		・主な製商品、サービス概要とラインナップ	
		・後継者の有無	
		・事業承継の方針と相談相手	
		・今後の見通し、技術・開発など	
		・他社の動向、競合の参入など	
		・全社事業、業務内容の把握状況	
		・性格（ワンマン、調整型、温厚など）	
		・健康状態、趣味など	
		・数値の把握方法、管理状況	
		・過去からの推移、数値上の課題について	
		・損益分岐点	
		・販売量、単価など	
		・銀行別の借入残高	
		・信頼できる幹部・社員の有無	
		・従業員の定着率とその理由	
		・従業員の教育・育成方針	
		・人材募集の提示金額について（相場との比較、応募状況）	
		・飾り物（見栄っ張りか）、書籍（勉強熱心か）	
社員全般	経営者について	・社長の性格、能力、人望はあるか	
	業務内容	・これまでの経歴（担当業務の把握状況）	
		・社内の問題、ボトルネック	
		・担当業務の概要、フロー、取引先等	
		・改善へ向けた行動状況、実績　こうすればよいと思うこと	
	従業員関連	・人員過不足の状況	
		・従業員の意識（やる気、不満など）	
		・給与など、経営者への要望	
オーナー取引／関連会社	同左	・取引経緯、位置付け	
		・事業、資金の流れ、関連性	

		・投融資等、貸借の状況	
		・支払家賃等の根拠（相場と比較）	
		・貸付金（借入金）等の回収（返済）計画	
外部環境	市場動向	・10～30年程度の市場規模はどのように推移してきたか（拡大・縮小傾向どちらか） 今後をどう見込んでいるか	
		・対象先企業の位置付け、シェア	
		・主要企業の動向	
		・主力製商品のライフステージ、位置付け	
	価格動向	・為替、相場などはどう見込んでいるか	
		・その影響は（例：1円円安による損益影響）	
		・価格転嫁の実績、見通し	
	競合の状況	・競合先の増減、変化など	
		・競合先の優位性と弱み	
		・価格帯、製商品力、技術力など	
		・参入規模、時期などの見通し	
		・他社のアプローチ方法、営業ツールなど	
	代替品の動向	・価格帯、製商品力、技術力など	
		・参入規模、時期などの見通し	
	販売先の動向	・仕入/販売計画、価格、量の変化など	
		・何を重視する先か（価格、品質、サービスなど）	
	仕入先の動向	・価格、量の変化など	
	業界指標	・各種指標との比較。差異があればその要因	
事業面	全般	・商流、ビジネスモデル⇒俯瞰図にて確認	
		・主要製商品・サービスとその強み、特徴	
		・機会、脅威への対応策について	
	営業	・既存先、新規先との取引状況と見通し	
		・見込先リストの有無、作成方法と活用方法	
		・営業スタイルとその効果・改善策 （ルートセールス、飛び込み、受け待ちなど）	
		・取引採算と上位先の推移（量・金額）	
		・営業ツール（広告、チラシ等）の効果	
		・目標配分ルールとインセンティブの有無	
	拠点・部門	・各事務所、工場などの位置付けと役割	
		・部門/部署ごとの採算実績と課題、見通し	
		・状況に応じた対策の有無（拡大、閉鎖、縮小、移転など）	
	企画・開発	・新規開発の状況、強み	
		・顧客ニーズのつかみ方（マッチしているか）	

第3章 事業内容をどう把握するか

	仕入・購買	・部品点数削減に向けた行動の有無	
		・仕入価格引下げに向けた対策を取っているか	
		・長期固定している取引先の有無とその理由（価格は高止まりしていないか）	
		・相見積もりの実施状況と仕入一覧での単価確認（ずば抜けて高いものはないか）	
	製造	・製造スケジュールの見える化はできているか	
		・原価低減のための改善策（労務費、外注費など）	
		・ボトルネックの有無とあれば改善策・改善の可能性	
		・受注生産、見込生産どちらか（在庫・資金負担が異なる）	
		・人員配置（過不足、リストラの可否）	
		・各製品のリードタイムと短縮の可能性	
		・機械等の稼働率と向上策	
	各種管理	・各種管理の方法、ルール、責任者の有無 営業、企画、製造、在庫、資金管理など	
	経営管理体制	・意思決定方法（経営者のワンマン、合議制、稟議制など）	
		・管理資料の状況（書類の有無、社員向け開示の有無）	
		・会計ルールについて（売上計上時期、在庫の先入先出など）	
		・部門損益を作成しているか ⇒ Yes：ルールは妥当か 　　No：作成するための基礎データ有無 （部門損益把握に向け、データ整備支援が必要）	
		・現物の管理状況 ⇒本書の内容には関係なさそうだが、多額の現金、重要物件紛失により損失を計上するケースは多い。	
		・稼働率をつかんでいるか（工場機械、ホテル客室など） ⇒何％で損益分岐点となるか 　あまりに低い場合、改善策の有無と内容（ない場合はリストラも検討する）	
		・会議の開催頻度、内容、書類の有無など 従業員への指示、情報伝達方法と浸透状況	
売上高	売上高	・主な顧客の過去3～5年程度の取引推移、構成変化	
		・増減理由の把握（一時的か慢性的か）	
		・営業計画と実績との予実管理は行っているか	
		・採算を踏まえた売上構成となっているか	
		・各営業員は自社の戦略を理解した営業をしている	

			か（売りやすいものばかりに集中していないか）
	受注形態	・受注生産、見込み生産 ⇒在庫、資金繰りに影響する。	
		・元請け、下請け ⇒採算に影響する。	
	価格決定方法	・見積価格は妥当か ⇒ここが妥当でないと採算確保できない。 　標準原価や社内の価格表は妥当か	
		・入札、指名案件の割合は ⇒採算に影響する。	
	要素分解	・売上高を取引量、単価、件数（頻度）に分解し、どこに増減があるか可能な限り分解する ⇒店舗別・部門別・営業所別・担当者別・製商品別など。	
	受注ルート	・営業担当者、紹介（エージェント）、代理店などの割合はどうか ⇒手数料支払い控除後の採算は取れているか。	
	売上計上基準	・会計ルールは毎期継続しているか、変更した理由は合理的か ⇒決算操作に使われるケースが多い。 　引渡時、検品後、出来高などに毎期変更することで売上調整は行われていないか	
売上原価	売上原価	・主な科目の推移と対策 材料費：部品削減の取組み、共通化の状況 　　　　相見積もり等による価格交渉状況 労務費：人件費削減の可能性 　　　　人員過不足の状況 　　　　シフトは適正か 外注費：外注を利用する必要性と発注基準を確認 　　　　価格交渉の状況を確認 ⇒外注理由は下記にて判断する。 　外部の技術等が必要　　　　（○） 　自社のキャパオーバー　　　（△） 　スケジュール遅れ、段取り漏れ（×） 　明確なルールなし　　　　　（×）	
		・仕入価格低減を図っているか 　低減要請が必要な先、理由、改善見込額	
		・仕入価格決定理由 　相場、過去の取り決め、言い値、入札、交渉の結果など。 （例：飲食・ホテル業などで野菜をスーパーチラシの倍以上の高値で長期間仕入しているなどのケースは多い。仕入明細と単価推移をチェックすると一目瞭然）	
		・損益分岐点の変化（赤字取引の有無）	
		・ロスの発生状況と対策を取っているか ⇒要因、ならびに損益への影響は把握しているか	

第3章 事業内容をどう把握するか

販売管理費	人件費	・部課店ごとの配員・人件費、人員推移	
		・売上と人件費とは連動しているか 不一致の場合、その要因を把握しているか	
		・人員削減余地とリストラした場合の業務運営への影響度合い（業務運営に支障はないか）	
		・シフトの状況。繁忙・閑散期／時間帯のバランスは取れているか ⇒これが取れていないと、暇なときに厚めの人員配置となり、高コスト体質となる。経営者も現場任せにしているために、分かっていないことが多い。	
		・退職金の発生見通し（資金流出あり）	
	その他	・削減余地	
		・コストが増減した変節点をつかんでいるか（過去数期並べてトレンドをつかむ）	
		・電力費、燃料費等の価格上昇項目の見通しと対策（照明のLED化など）	
		・売上高と変動費項目とは連動しているか。不一致の場合、要因を把握しているか	
		・賃料等、価格引下げの交渉状況	
		・部門損益を作成している場合、直接／間接経費の各部門への配賦は概ね妥当であるか	
		・減価償却費の実施状況、増減見通し	
貸借対照表	現預金	・必要手元資金は、平均的に月末にいくらあれば月中の資金繰りは回るか、安定するか	
		・月繰り表、日繰り表計画の作成状況	
		・資金繰表の作成有無。差異検証をしているか。下振れした際の対応策	
	売上債権	・回収条件（資金繰表作成のため確認は必須）	
		・回収早期化へ向けた交渉状況	
		・月商比での増減推移 異常値があれば、その要因は何か	
		・回収不能債権の発生状況	
		・季節要因など必要運転資金の見通し	
	棚卸資産	・年間、月中の動きを確認する（例：菓子問屋はクリスマス、正月などの冬に在庫が通常の数倍に増加するため、仕入資金発生、在庫が急拡大する）	
		・月商比でどのように推移しているか。売上との連動はあるか	
		・不良分の有無と、その処分計画	
	固定資産	・設備投資計画の有無と資金調達予定	
		・修繕費の見通し（要対応物件と、修繕計画の有無）	

	投融資勘定	・資産売却の予定と想定売却価格 （遊休不動産、株式等）	
		・保有経緯、明細、事業との関連性の有無	
		・売却、回収予定がある場合、スケジュールと想定回収金額	
		・回収、処分が困難な場合、その理由 回収見込み額、可能性	
	仕入債務	・支払条件、手形サイトなど	
		・手形振出→現金払いへ変更した場合、値引を受けることによる損益効果（一時的に運転資金が増加する）	
資金繰り （6章参照）	営業CF改善策	・本業収益力改善策（売上・利益向上策）	
		・運転資金縮小による改善は可能か	
	投資CF改善策	・（遊休）資産売却／活用策の有無	
	財務CF改善策	・新規借入調達の可否、見通し	
		・借入返済猶予（リスケ）の実施、検討	
金融機関取引	金融機関取引	・金融機関の足並みはそろっているか ・単独金融機関のみ、条件の変更依頼などないか	
現地調査（事務所、工場など）	立地	・立地、規模、周辺環境（騒音など）	
		・交通利便性は高いか	
		・売却する可能性はあるか	
	設備	・規模、経過年数	
		・機械キャパ、老朽化＝資金需要	
		・機械化の状況（人員抑制は可能か）	
		・定期点検は行われているか（適切な修繕費を見込んでいるか）	
	在庫	・不良資産の有無	
		・期限切れのものはないか	
		・在庫倉庫は整理されているか （不良・返品在庫は山積みされていないか）	
	人員配置	・余剰感、不足感とその対策	
	ボトルネック	・どの部門が停滞しているか ⇒見るからに仕掛品が滞留している箇所はないか、ライン間の流れはスムーズか。	
		・動線に問題はないか、非効率そうな動きはないか。 （例：飲食店のキッチン内で、水回りとガス機器が別室に離れているなど）	
	雰囲気	・勤務態度、清掃状況、トイレ、あいさつ	
		・制服等の身なりはきちんとしているか	
	目標管理状況	・社内目標の設定は、トップダウンか、ボトムアップか	

第3章 事業内容をどう把握するか

	現場管理状況	・目標は社員に認知、共有されているか、掲載物などで示されているか	
		・社訓、標語、スローガンの有無	
		・5Sの状況はどうか（整理、整頓、清掃、清潔、しつけ）	
	社内改善活動	・社内PT（プロジェクトチーム）の有無、活動状況、開催頻度	
		・QCD活動は活発か（Quality品質向上、Cost原価低減、Delivery納期短縮）	
	情報連絡ルール	・報連相は徹底しているか ⇒本書では関係なさそうだが、これができていないことによるロス発生、損益への影響は大きい。	
		・情報はスムーズに伝達しているか、状況と仕組み（ルール）を確認する （例：営業と製造部門の情報交換 　　　在庫管理、納期管理等）	

●第3章のポイント《金融機関が事業内容を把握する目的》

・経営改善計画策定支援に向けた情報整理を行う。

・今後将来にわたり、営業利益、営業キャッシュフローを確保できるかを見極める。

・経営改善計画に織り込む施策を事業上の問題点から見いだす。

・債務者としての客観的な目線を通じ、企業が抱える課題と認識・共有することで、具体的な経営改善の後押しをする。

❸ 取引先訪問時に何を話していますか？

皆さんは普段、取引先で何の話をしていますか。業界事情、新聞記事等、話題は色々と思い浮かぶものの、実際の面談の場でどうやって話を進めていくかは難しい問題です。

金融機関の担当者なら、経営者と直接面談できる機会は多くあります。なぜ、経営者は多忙でも面談してくれるのでしょうか。それは、金融機関は融資を通じて資金繰りに最も影響を与える債権者だからです。実際、金融機関以外の営業担当者が経営者と直接話ができる機会はほとんどありません。

ですから、担当者が経営者との面談機会を有効に活用できないことは非常にもったいないのです。その一方で、担当者の発言は非常に重いと認識することも必要です。経営者との信頼関係構築も重要ですが、金融機関は貸し手としての債権者でもあるからです。

話題がなかなか見つからない人は、まずは金融機関として取引先に何を提供できるかを丁寧に伝えるべきです。経営者は金融機関との取引は借入・預金以外は知らないことが意外に多く、取引が拡大しないこともあるからです。

そのためにも、少なくとも、取引先について次の情報程度は頭に入れておき、経営者のレベルに近付けておくことが必要です。

・会社の業務概要（主要取引先、取引状況、最近のトピック等）
・取引先の業況
・経営方針、課題・問題点

この際、少し調べれば分かることまで質問すると、会話が弾まないばかりか経営者に対して失礼になりますので、十分配慮してください。

第4章

財務面を
どう把握するか

企業の実態を把握するには、資金繰りについて理解することが不可欠です。本章では、資金繰りの見方・チェックポイントから企業の財務実態を把握する方法について解説していきます。

4-1　資金繰り管理能力を高める

(1) 金融機関の職員は経営者の良きアドバイザー

　経営者の資金繰りの悩みを解決するためには、金融機関に相談することが最も良い方法といえます。なぜなら、金融機関の担当者は単に"貸し手"というだけでなく、経営に関する幅広い知識（経営・財務・会計・法律・マネジメントなど）を有しており、特に資金繰りに関しては誰よりも情報・経験・知識があるからです。

　加えて、財務スタッフを採用したりコンサル会社を利用するときのように費用（報酬・人件費）がかからないため、特に中小・零細企業経営者にとって最適なパートナーになるのです。

　金融機関の担当者は、自らが経営者の身近にいる優秀なパートナーであることを自負し、単に「貸す」「貸さない」という枠組みだけで物事を考えるのでなく、借り手（債務者）の立場も含めた複眼的視点で資金繰りを捉えて企業経営者のよきアドバイザーとなるように努めてください。

(2) 資金繰表の作成経験を積む

　金融機関の担当者が、企業経営者の良きアドバイザーになるためには、資金繰りに関する知識をより高めていくことが求められます。

　取引先との面談を通して個別の資金ニーズをつかみ融資を行っている金融機関は、資金繰りの専門家といっても過言ではありません。にもかかわらず、最近、資金繰りに関して苦手意識を持っている担当者が少なからずいるように見受けられます。

　筆者は、資金繰りに関して自信を持てるようになるためには、資金繰表の作成経験を積むことにより数値ロジックを理解することが最も重要

だと感じます。

　筆者が銀行に入行した当時（約20年前）は、与信稟議時に資金繰表をよく添付しました。中小企業の多くは自社で作成できないため、必要な情報（売上高の内訳、支払・回収条件、今後の損益予測など）を自らが経営者から聴取して資金繰表を作成したのです。

　一方、現在はどうでしょう。資金繰表の作成経験がある金融機関の担当者は、少ないのではないでしょうか。現在は、昔と異なり、格付や債務者区分判定などにより大枠の与信方針が決定するため、たとえ資金繰表により融資の回収に懸念がないことを証明しても、要注意先以下の企業に対する新規与信は難しいはずです。

　また、コンプライアンスや個人情報保護法などに対応する業務量が増える一方で、時間管理が厳しくなっています。つまり、仕事量が増加する一方で仕事時間は減っているのですから、取引先1社にかける営業時間を減らさなければなりません。そのため、昔のように取引先の資金繰表を作成するようなきめ細かな対応ができなくなっているのです。

　このように、担当者が資金繰表を作成しなくなった背景には、働く環境の変化が影響しています。とはいえ資金（繰り）は、経営上の大きな悩みであることから、資金繰りが分かる担当者と分からない担当者とでは、企業経営者からの評価に雲泥の差があります。

　そのため、金融機関の担当者の皆さんは、できる範囲で資金繰表の作成にチャレンジしてみてください。多忙な業務の中で、中小企業経営者と膝を突き合わせ資金繰表（予測）を作成することは相応の労力を要しますが、それに見合うだけのメリット（企業経営者の信頼を勝ち得ることができる）は必ずあります。

4-2　資金繰りによる企業実態の把握

(1) 企業再生における資金繰りの把握

ここでは、企業再生の場面における資金繰りの実態把握の重要性や、具体的な把握方法などについて説明します。

図表4-1の経営改善のプロセスは、患者が治療を行っていく流れとよく似ています。

まず、再生を行う企業（患者）が事業を継続する上で必要とする資金（血液）が短期間で途絶えないかを確認（診断）し、その内容次第で、今後の具体的な対策（処方箋）を行っていきます。例えば、短期間で資

図表4-1　経営改善プロセス

	経営改善プロセス [関係するパートナー]	具体的内容	イメージ
①	資金繰り（損益）の診断 [**取引金融機関の職員**、コンサルタント、顧問税理士・会計士など]	・今後の損益見込等から「資金繰り」に問題がないかを診断して、今後の対策を検討する（資金調達継続の有無、リスケの有無など）。	診察 [入院]
②	借入金リスケ [取引金融機関]	・上記①の診断の結果、自社対応による資金繰り改善策でも資金不足となる場合に「リスケ（元金返済据置）」を行う。	止血
③	新規の資金調達 [メイン金融機関]	・上記②を実行しても、「資金ショート」をする場合には、メイン金融機関から借入調達を行う。ただし、資金調達のハードルは非常に高い。	輸血
④	経営改善活動 [コンサルタント・顧問税理士・会計士、取引金融機関など]	・経営管理サイクルによる「経営改善活動」を実行する。 ✔ 経営改善計画の策定　　　（「P」計画） ✔ アクションプランの実行　（「D」実行） ✔ 予算実績差異分析　　　　（「C」確認） ✔ 対策の検討　　　　　　　（「A」対策）	内科・外科手術
⑤	再生完了（正常化）	・経営改善目標の達成 ・リスケ終了 ・金融機関取引の「正常化」	完治 [退院]

金がショートしてしまう企業の場合は、借入金のリスケをはじめとした入出金の見直しによる資金流出の抑制（止血）や、遊休資産売却等による資金の調達（輸血）を行うことでまずは、経営改善に取り組んでいる最中に資金がショートしない手許資金を確保します。

それでも足りない企業の場合は、メイン金融機関に対して資金調達（再輸血）を要請するのですが、リスケ中の企業が新たに資金を調達するのに非常に高いハードルがあるため、スポット的な資金対応を除き、さらなる対策を検討したほうが得策かもしれません。

いずれにしても、早めの資金繰り診断と対策を講じていくことが企業再生を進める上で重要なのです。

（2）業績不振企業の資金繰り管理

業績が悪化した企業から資金繰り相談を受けた場合、どんな心構えで対応していけばよいのでしょうか。

基本的には、業績の良し・悪しによる具体的な対応は変わりません。ただし、業績低迷にある企業の資金（繰り）については、通常よりもエネルギーをかけて実態把握に努めるとともに、資金相談に関しては、先送りをすることなく早い段階から応じていくことが重要です。

金融機関の担当者は、通常、業績良好な企業に対しては積極的に営業する一方、業績が低迷している企業とのコミュニケーションは、薄くなる傾向にあります。というのも、業績低迷にある企業は新規与信が難しいことに加え、稟議・格付等の作業負担が重いため、業績が低迷する企業から借入や資金繰りの相談を受けることに対してモチベーションが上がらないからです。苦労して新規融資しても、その後、短期間でリスケとなれば、営業実績にならないばかりか多大な労力を強いられるからなおさらでしょう。

しかしながら、業績が低迷する企業に対する初期診断の遅れは、企業の経営改善を進める上で大きなマイナスとなりますので、金融機関の担

当者にとって自らの首を絞める行為といっても過言ではありません。

このようなことから、金融機関の担当者の皆さんには、業績悪化もしくは悪化の兆候がある企業に対しては、意識的にコミュニケーション頻度を高めるようにし、早い段階から資金繰りの実態把握ができるように、常に取引先企業との良好な関係を構築しておくよう心がけてください。

(3) 金融支援の要請とアドバイス

金融機関として企業再生に取り組む企業と接する際には、どんな注意点があるのでしょうか。ここでは、企業再生を円滑に進める上で、企業経営者に対しての具体的なアドバイスの仕方について説明します。

まず読者の皆さんに理解してほしいのは、企業経営者が、リスケなどの金融支援要請を行うには、金融機関の担当者や顧問税理士や財務コンサルタントが経営者の背中を押すことが重要だということです。なぜなら、経営者の単独による意思決定を待っていると、リスケのタイミングが遅れ、資金繰りが悪化するからです。

なぜ、経営者は、金融支援要請の意思決定が遅れるのでしょうか。実は企業経営者には、「リスケの相談＝恐怖」という感覚があります。なぜなら、リスケをすることは、金融機関に対して、暗に自社の資金不足をカミングアウトする行為だからです。

つまり、リスケの相談をしたことにより金融機関からのマイナス査定を受け、その後の資金支援を打ち切られることをおそれているのです。その結果、経営者は資金調達が難しいと感じつつも、個人資産の投入や親族借入などの資金繰り改善策が尽きた時点で、リスケの意思決定をするため相談時期が遅れるのです。

人間が血液なくしては生存できないのと同様、企業も資金がなければ破綻してしまいます。そういう意見では、その企業の命運を金融機関が握っていることになるため、企業経営者（債務者）にとって金融機関（債

権者）は大変怖い存在なのです。

　このように、金融機関が経営者からリスケ相談に対して受け身の姿勢でいると、さらに資金繰りが悪化して企業再生の支障となりかねません。そういった最悪の事態に至らないように、金融機関の担当者は、業績低迷している企業の資金繰りの実態把握を日々行うとともに、必要に応じてリスケを提案することが肝要なのです。その際には、リスケによる債務者のメリット・デメリットを説明することで、経営者が抱く不安な気持ちを取り除いてほしいのです（**図表4-2**）。

　筆者は、企業再生を成功させるためには、債務者（企業）と債権者（金融機関）の二人三脚で経営改善を進めていく必要があると考えています。

　金融機関の担当者は、自らが債権者という強い立場にいることを常に認識しながら、時には厳しく指導をするとともに、必要に応じて安心を提供することも大切です。企業経営者に対して闇雲に資金面でのプレッシャーをかけることは、企業の経営改善を進める上で、少しもプラスにはならないのです。

図表4-2　リスケのメリット・デメリット

	メリット	デメリット
債務者側 （企業）	・資金繰りが改善する。 ・経営破綻リスクが低くなる。	・原則、金融機関からの新規調達ができなくなる。 ・金融機関向け説明責任が生じる。 ・役員報酬・設備投資等に対して実質的に金融機関に拘束される。 ・経営者責任が追及される。
債権者側 （金融機関）	・中長期的には、経営改善が図られることで格付が上昇して引当コストが低下する。 ・経営破綻を防げる。	・一時的には格付が低下して引当コストが増加する。 ・融資金の回収が長期化する。 ・格付・稟議作業などの事務負担（内容・頻度）が重くなる。 ・モニタリングの負担が重くなる。

（4）リスケの遅れによるデメリット

　企業再生において、リスケを適正なタイミングで実行するには、金融

機関の担当者が経営者へ助言することが有効であることはご理解いただけたと思います。

次に、リスケの適正なタイミングを計るための資金繰りの判断についての注意点を、最近の事例を交えながら解説していきます。

筆者は、平成21年の金融円滑化法が施行される以前から、数多くの企業の再生案件に携わっており、現在も、全国の中小企業再生支援協議会や金融機関からの要請によりリスケ等の金融支援を伴う数多くの再生案件に関わっています。その中で少し残念に感じることは、リスケのタイミングの遅れから、資金繰りがかなり悪化してしまってから企業再生に取り組んでいる案件が、非常に多いということです。

中には、手許資金が枯渇寸前の企業や、過度な役員報酬の削減や個人資産の投入に加え、個人名義での多額の負債（ローン、カードローン、キャッシングなど）を抱えたために、経営者個人の家計が破綻寸前の案件もあります。このようになった場合は、通常行う経営改善に加えて、役員報酬増額や個人ローンのリスケなどにより、経営者の家計収支や家計財務の改善についても並行して取り組むのですが、立場が異なる債権者（金融機関、ローンの保証会社など）間の調整には多大な労力を要します。

このように、リスケの時期が遅れると、債務者（企業）だけでなく債権者（金融機関）側にとっても数多くのデメリットが発生するのです。

金融機関側の最大のデメリットは、リスケの遅れによる資金繰りの悪化が、企業の損益面にマイナス効果を及ぼして信用格付の低下を招くため、引当コストの増加や資産健全化（不良債権の削減）が遅れることです。しかしこれらの内容は、経営階層・融資部などの関連部署の目線であり、金融機関の担当者にとっては関心が薄いことかもしれません。

そのため、**図表4-3**に金融機関の担当者に関連するデメリットにはどのようなものがあるのかをまとめました。

第４章　財務面をどう把握するか

figure 4-3　リスケの遅れによるデメリット（金融機関担当者に関連するもの）

項　目	デメリット
① 経営者が資金繰り対応に奔走	・収益改善の一番の牽引役である経営者のマンパワーが資金繰り対策に奪われるため、損益改善を行ううえでマイナス、企業再生に支障あり。
② リスケ中の新規与信	・リスケ期間中の新規与信は、社内稟議に多大な労力がいる。 ・融資ができない場合は、資金繰りを原因とした業績悪化が進む可能性が高く、企業再生に支障あり。
③ 個人ローン等のリスケ	・個人収支の一体管理に伴う管理負担が増加する。 ・個人ローン（カードローン・クレジット含む）はリスケ自体が不可のもの、一定期間しかできないものがあるため個人収入の増加策が必要。役員報酬増額となれば損益改善を行ううえでマイナス、企業再生に支障あり。 ・保証会社との調整が難しい。
④ 対外支払債務の支払遅延	・社会保険料、固定資産税、消費税等の過去の未払債務がある場合、企業の資金繰りの圧迫要因となる。 ・金融機関の借入返済の時期が遅れる。
⑤ 設備投資は実質的に抑制	・リスケ中の設備資金の借入れは難しい。 ・そのため、自己資金がない場合には、損益改善となる事業機会を逸することがあり企業再生に支障あり。
⑥ 資金繰り悪化による損失	・支払条件、回収条件等の交渉をした場合に販売先や仕入先からのマイナス評価を受け取引量が減少する。仕入・販売額の減少となれば企業再生に支障あり。 ・財務コンサルティング会社などの活用に迫られ支払報酬の負担が発生する。

　このように、リスケのタイミングが遅れることで資金繰りの悪化を招くと、内部・外部を問わず関連する先への稟議、報告、調整などで多大な労力や時間を要します。そのため、半期ごとに高い目標に向かって活動している金融機関の担当者にとっても、非常に大きなダメージとなってしまうのです。
　このようなことにならないように、金融機関の担当者は実務で資金繰表を作成したり、研修・通信教育等で自己研鑽に励むことで、資金繰りの知識向上を図り担当者自身の資金繰り実態把握能力を磨いていくことが重要なのです。

(4) 求められる高いマインド

　筆者は、高いスキルと正しいマインドの両方があってこそ、いい仕事ができると考えます。

　これまで解説してきたことは、主にスキル面のことですが、ここではマインド面の話をします。筆者が取引先企業から資金繰りの相談を受ける際に、最重要だと思っていることは、「自分の親族が経営する企業だと思って相談に応じる」ということです。

　なぜならば、そういう親身な姿勢で相談に応じれば、自ずと企業の資金繰りの実態が見え、適切なアドバイスや対応が行えるからです。読者の皆さんは、過去の企業からの資金繰り相談に対して、経営者の立場になって親身な姿勢で相談に応じていたでしょうか。

　まずは、**図表 4-4** のチェックリスト記載の内容を、各自でチェックしてみてください。

図表 4-4　資金繰り相談時のチェックリスト（3 項目）

	チェック項目	判定
①	自社での「新規与信」の可能性を、分かりやすく説明しましたか。	○・×
②	企業の資金繰り状況を的確に理解しましたか。	○・×
③	改善に向けた具体的なアドバイスを提供しましたか。	○・×

　資金繰り相談時のチェックリストの結果はいかがでしたか。すべての項目が「○」になった人が多かったのではないかと思います。それでは、次に**図表 4-5** をチェックしてみてください。

図表 4-5　資金繰り相談時のチェックリスト（追加 1 項目）

	チェック項目	判定
④	あなたが、与信を謝絶した場合に、その不足する資金の対応についてしっかりと企業をフォローしてきましたか。	○・×

皆さんは、過去に、企業等からの新規借入相談に対して少なくとも1度は謝絶をした経験があると思いますが、融資謝絶をした後に、不足資金をどのように調達するかについてまでフォローができている人は、意外にも少ないのではないでしょうか。

　金融機関は、融資を謝絶した時点で仕事が完了しますが、企業側はそうではありません。なぜなら、調達できなかった分だけ資金が不足するからです。仮に、それが、支払手形を決済するための資金だったら企業は経営破綻の危機に陥ります。そのため、経営者は必死になって資金工面に奔走します。世の中には、「調達できなかったので仕方がない」と呑気な態度でいる経営者は一人もいないのです。

　一方、金融機関はどうでしょうか。融資謝絶による経営者に対するうしろめたさからコミュニケーションが薄れ、結果として資金繰りをフォローせずに、第三者的な立場でその後の資金繰りを傍観してはいないでしょうか。

　金融機関の担当者は、企業経営者の資金繰りの悩みの大きさをこれまで以上に強く認識する必要性があります。企業経営者から借入や資金繰りの相談を受けた場合は、ぜひ、自分の親族が経営する会社のつもりで真剣に考え、経営者へ親身な対応をしてほしいのです。

　ただ、そうはいっても、金融機関の担当者は、担当先企業が多く、集金から稟議・格付作業などの膨大な業務に追われているため、「1社に対して、そこまで時間をかけられない」という事情もあるでしょう。そのため、企業の状況や金融機関取引の内容に応じて、メリハリをつけた資金管理を行うことが重要なのです。

(5) 資金の増減理由を押さえる

　前項では、融資謝絶後も、経営者の資金繰り相談に応じるなど、可能な範囲内で積極的に関与してほしいと説明しました。この項では、企業の資金繰りのフォローができなかった場合に、その後の取引においてど

ういう点に注意すべきかについて見ていきます。

　経営者は、金融機関からの融資が受けられなくてもほとんどの場合は資金を工面します。皆さんの中にも、経営者がどこからともなく資金を集めてきて、従来と変わらない状態で経営をするのを見てホッとした経験をした人もいると思います。

　ここで、注意を要するのが、「最終的には、社長が何とかするだろう」と根拠もなく都合よく考えないことです。そういった考え方をすると、資金繰りに対する当事者意識が欠如するため、企業の資金繰り実態把握能力が身につかなくなります。

　企業の資金不足時に、お金は湧水のように湧いてきたりはしません。お金が増減したのには必ず理由があります。この資金の増減理由を明確に押さえることが、資金繰りの実態把握能力を身につける上で最も重要なのです。

　したがって、融資謝絶をした企業経営者が資金を集めてきた場合にも、その資金の増加原因（借入調達・経営者貸付・有価証券の処分など）をしっかりと聴取することが、資金繰り実態把握をする上で必要です。

　例えば、融資の謝絶をした企業がその不足資金を経営者からの個人貸付により窮地を免れたとしましょう。しかし、金融機関の担当者はこれで安心せず、その原因をしっかりと聴取する必要があります。なぜなら、その貸付金は社長の個人資産なのか、知人から調達した短期の借入金なのかが分かりません。後者の場合、たとえ一時的に資金繰りが改善されても、早晩悪化することになるからです。

　このように、資金の増減理由をしっかり理解しないと、資金繰りの本質を見抜くことができません。そのため、たとえ融資謝絶をしたとしても、今後の資金繰り対策を一緒に考えていくことが金融機関の担当者に求められているのです。

　参考までに、資金が不足する際に「緊急避難的な資金の捻出方法」を

第4章　財務面をどう把握するか

図表 4-6 で紹介しますので、必要に応じて経営者へのアドバイス等を行う際に活用してください。

図表 4-6　緊急避難的な資金捻出方法（資金繰り改善方法）

	資金捻出手法	留意点・具体例
①	他の金融機関からの調達	・与信取引額が多い金融機関などを中心からの調達を交渉する。
②	経営者による自己資金の捻出	・保有資産の処分 ・ローン、カードローン等による借入 ・親族からの一時的な借入　など
③	在庫や遊休資産の処分	・有価証券（ゴルフ会員権）の処分 ・商品在庫等の処分 ・遊休不動産の処分
④	生命保険の活用	・解約・契約者貸付 ・貸借対照表に記載の保険に加えてオフバランス資産の保険も活用する。
⑤	役員報酬の支払いを遅延	・一時的に役員報酬の支払いを遅らせる。
⑥	社会保険料・消費税・固定資産税等の分割支払	・社会保険料・税金等の支払いを交渉により延払いにする。
⑦	支払日条件の変更	・信用不安にならない取引相手と交渉して支払時期を変更する（支払期日を遅らせる、現金→手形支払）。

4-3　資金繰りの流れの把握

(1) 資金調達の可否の見極め

　資金繰りの理解なくして、取引先の実態を把握することはできません。金融機関の担当者が資金繰りを理解できなければ、経営者の相談役になれないだけでなく、与信判断においても重大な問題が生じることは明らかです。

　筆者は、資金繰りに関して最も豊富な知識を有するのは金融機関の担当者だと確信しています。なぜなら、資金繰り計画を策定するうえでポ

イントとなる金融機関からの資金調達の実現性の可否について、高い精度の予測ができるからです。

ですから、経営者に資金繰り上の悩みが発生したら、税理士や公認会計士（元金融機関の担当者ではない）ではなく、最初に金融機関の担当者へ相談すべきなのです。ただし、それには担当者が資金繰りについて必要最低限の知識を有していることが条件となります。

担当者は、資金調達の可否の見極めができることが自らの強みだと強く認識して、経営者からの相談に応じてください。なぜなら、企業経営者が日々抱えている資金繰りの悩みは、資金調達に関する悩みだからです。

(2) 資金繰りの仕組みの理解

資金繰表には「日繰り表」と「月繰り表」の2種類があります。日繰り表は、日単位で現金を管理する入出金の管理資料です。一方、月繰り表は、月単位で現金を管理する入出金の管理資料で、主に1年間の計画を策定します。いずれの資料も一度は目にしたことがあると思いますが、目にする頻度が多いのは後者の月繰り表でしょう。

本項では、この月繰り表の仕組みを中心に解説していきます。前述のとおり、月繰り表は企業の年間の資金繰りの流れを大まかにつかむことができる資料です。**図表4-7**の月次資金繰表は、経常収支、設備収支、財務収支の3要素で構成されます。

①「月初現預金」は、通常月初時点の現預金と預金残高の合計額です。

②「経常収支」は、通常の事業活動を行う上で発生する収入（経常収入）と支出（経常支出）との現金の入出金の増減です。

・経常収入（＋）　…　事業活動で獲得した「現預金」
・経常支出（△）　…　事業活動で支払った「現預金」

経常収支の年間累計額は、会計上の「償却前経常利益（経常利益＋減価償却費）」とほぼ一致します。一致しない場合には、主に以下の

第4章 財務面をどう把握するか

要因が考えられます。
・収支ズレ［回収・支払サイトのズレ］
・回収不能債権（売掛金・未収入金等）の発生
・棚卸資産の増減
・前受金・前渡金など一時的な入出金の増減
・貸付金などの増減
・その他

③設備収支は、主に設備投資と設備売却による現金の入出金の増減です。
・設備投資額（△）
・固定資産等の売却収入（＋）

④財務収支は、主に銀行借入金の調達と返済による現金の入手金の増減です。
・借入調達（＋）
・借入返済（△）

⑤月末現預金は、月末の現預金残高です。

図表4-7 月次資金繰表（例）

項目	4月実績	5月予想	6月予想
①月初現預金	150	185	140
②経常収支	50	△30	△10
経常収入（＋）	250	200	210
経常支出（△）	200	230	220
③設備収支	△5	0	△10
設備売却等（＋）	0	0	0
設備投資（△）	5	0	10
④財務収支	△10	△15	15
借入調達（＋）	0	0	30
借入返済（△）	10	15	15
⑤月末現預金［①+②+③+④］	185	140	135

(3) 資金繰表のチェックポイント

筆者は、金融機関の担当者が取引先企業の資金繰り管理を上手に行うには、会計上の利益が計画どおり推移しているかについて重点的にモニタリングを行い、その結果生じる資金の増減（計画）問題が生じていないかを見ていくことが重要だと考えます。

ここでは、**図表4-8**の取引先が作成した資金繰表（資金の増減）を見る上で注意すべき事項について説明します。

①現預金の定義

資金繰表に記載している「現預金」の定義を聴取します。ある企業では、自社が保有する預金の合計残高を記載し、別の企業ではメインで利用している特定の決済用銀行口座残高のみを記載しているなど、作成基準が異なると見る側の理解は異なってきます。そうならないように、残

図表4-8　資金繰表のチェックポイント

	項　目	チェックポイント
①	現預金の定義	資金繰表の「現預金」は、現金・預金の合計額であるか。もしくは、特定の管理預金（普通預金・当座預金）の残高であるかを確認する。
②	残高試算表による実績確認	資金繰表の「経常収支（実績）」と残高試算表の「償却前経常利益（実績）」の数値に相違がないかを確認する。大きく相違する場合には、「貸借対照表（B/S）」の流動資産と流動負債の増減を見て要因を特定する。
③	事業計画書との整合性	資金繰表の「経常収支（計画）」は、事業計画書の「償却前経常利益（計画）」と近い数値になっているかを確認する。大きく相違する場合には具体的な要因をヒアリングする。特に、資金繰表の「経常収支（計画）」がマイナスの場合には、決算が赤字となる可能性があるので注意する。
④	月末現預金の残高水準（対月商倍率）	資金繰表の「現預金残高」の必要水準額を理解する。売上高の入金日と経費の支払日のズレ等により必要な「現預金残高」の水準は異なる。「月末の現預金残高」の必要額は、月初から月末までの入金に先行して支払う経費等の総額になる。
⑤	資金調達計画の妥当性	資金繰表に記載のある「金融機関等からの資金調達額」が妥当であるかを確認する。現在の業況・財務内容（格付）および今後の業績見通しなどから、計画された資金調達の見込みがあるかを確認する。

第4章　財務面をどう把握するか

高試算表と資金繰表との現預金残高の突合を行うか、取引先企業から聴取をして作成条件を確認します。

②残高試算表による実績確認

資金繰表に記載されている過去の実績値と残高試算表とを照合します（**図表4-9**）。ここでは細かい数値の確認は不要ですが、資金繰表の「経常収支（実績）」は、残高試算表の「償却前経常利益（実績）」と近い数値になっているかを確認します。

その結果、数値が大きく相違する場合には、貸借対照表（B/S）の流動資産か流動負債の各勘定科目の増減を見るなどして、要因を特定します。

③事業計画書との整合性チェック

「資金繰り計画」と「事業計画書」に記載した数値の整合性を確認します。具体的には、資金繰表の「経常収支（年間）」が事業計画書の「償却前経常利益」と近い数値になっているかを確認します。その結果、数値が大きく相違する場合には、取引先企業から具体的な要因を聴取します。この確認作業を行えば、「資金繰り計画表」が取引先の恣意的な判

図表4-9　資金繰表と残高試算表との突合内容

	残高試算表の状況	確認事項
1	『売上債権（受取手形＋売掛金）－買入債務（支払手形＋買掛金）』が増加	・回収不能な売上債権が発生していないか？ ・回収が遅延・長期化した売上債権が発生していないか？
2	「棚卸資産」が増加	・棚卸資産が不良化していないか？ ・受注生産（仕入）から見込生産（仕入）に変更するなど業務形態に変更がないか？ ・季節的要因で増加をした場合には、過去の状況と照らし合わせて増加額が妥当か？ ・一時的な増加の場合には、その理由とは？
3	「前渡金－前受金」の増加	・前渡金が増加の理由は？ ・解消時期は？
4	「未収入金」「貸付金」の増加	・未収入金・貸付金の回収に懸念はないか？
5	「その他流動資産」－「その他流動負債」が増加	・増加の理由と解消見込みは？

断で作成されていないかが分かります。

　また、もう一つの利点として、会計上の損益計画である事業計画書の達成見込みに関して資金管理担当者からの本音を知ることができます。通常、資金管理担当者が先行きの資金繰り（＝業績）に不安を抱いている場合は、業績計画も保守的に見ています。すると、それが資金繰りに現れ、資金繰表の数値（入金差額：入金－支出）を弱めに組む傾向があります。

　したがって、資金繰表上の「経常収支（年間累計）」がマイナスとなっている場合には、資金管理担当者が事業計画数値の達成に疑問を抱いていることも考えられます。このように、資金繰表の見方を理解していれば、企業の資金担当者と資金繰表を通したコミュニケーションを行うことにより、企業の業績実態を把握することができるのです。

④月末現預金の残高水準（対月商倍率）

　取引先の資金繰りを把握する上で、月末現預金の必要水準額に関する理解が必要です。月末時点で必要な現預金の必要水準額（対月商倍率）は、主に売上高の入金と経費の支払いの入出金のズレによって生じます。そのため、必要な月末の現預金水準は、「月中の入出金構造（＝日繰りの収支構造）」によって企業ごとに異なります。

　仮に、月商1億円で売上高の入金日がすべて月初の企業（以下「A社」）と、同じく入金日がすべて月末の企業（以下「B社」）の2社があるとしましょう（**図表4-10**）。

　A社は、月末の現預金残高が月商の0.3ヵ月分（30百万円）の残高であっても資金繰りに支障はありません。なぜなら、翌日の月初には100百万円の売上高回収金により現預金残高は130百万円となるため、月末までに130百万円の支払いがない限り、資金繰りに支障はありません。

　一方、B社はそうはいきません。なぜなら、月末の売上高の入金に先行して材料仕入代金や人件費等の支払いがあるため、最低でも月商の1.0ヵ月分（100百万円）の現預金残高が月末時点で必要となります。B

第４章 財務面をどう把握するか

社の場合、資金繰表の月末現預金残高が30百万円だとすると、指定日に経費が支払えず企業存続の危機に瀕するかもしれません。

このように、前者と後者の企業ともに企業規模は同じでも収支構造が異なるため、月末に必要とする現預金残高は70百万円も差が生じてくるのです。

企業の日繰り構造を理解しないでB社に対して「月末現預金残高50百万円もあるので資金繰りは大丈夫だ」と言うと、企業経営者は困ってしまいます。そうならないために、金融機関の担当者は、取引先の事業運営上、必要な資金所要額、月中・期中の収支構造を企業ごとにしっかりと理解することが必要です。

④資金調達計画の妥当性

現在の業況・財務内容（格付）および今後の業績見通し・金融機関ごとの取引内容など資金調達計画が妥当であるかを確認します。念のため企業が、金融機関から資金調達ができるかを判断する項目を以下にまと

図表4-10　A社とB社のケース

◆「A社」（月商100M）のケース　　　　　　　　　　　　　　　（単位：M）

	入金	出金	残高	摘要
月初現預金			30	前月末より繰越
月初	100		130	月初に100Mの入金あり
月中		80	50	資金繰り支障なし
月末		20	30	
合計	100	100	ー	
月末現預金			30	翌月初へ繰越

◆「B社」（月商100M）のケース　　　　　　　　　　　　　　　（単位：M）

	入金	出金	残高	摘要
月初現預金			30	前月末より繰越
月初	資金ショート！		30	月末の100M入金に先行して支払う経費あり
月中		100	▲70	
月末	100		30	資金繰り支障あり
合計	100	100	ー	
月末現預金			30	翌月初へ繰越

めましたので、参考にしてください（**図表4-11**）。

（4）資金繰表作成時のヒアリングポイント

　前述のとおり、金融機関の担当者は企業の資金繰表を作成できる能力を身に付けることが重要です。

　仕事を通じて資金繰表を作成できるようになればよいのですが、現実的には研修や通信教育などの自己研鑽により身に付ける努力が必要といえます。資金繰表を作成する際の経営者に対するヒアリング内容や留意事項は、**図表4-12**に記載しています。

（5）資金繰り管理上の留意点

　企業の状況にもよりますが、月次資金繰表において年間ベースの資金繰りに問題がある場合には、単月の資金繰りが悪化したことに過度に反応する必要はありません。

　なぜなら、企業は会計上の利益を追求していくことが重要だからです。資金繰りは会計上の利益を追求する結果、生じた資金の状況にすぎません。当然、資金繰りを大幅に悪化させる受注の仕方は望ましくありませんが、売上高を獲得した結果、資金繰りが一時的に悪化するケースは、経営改善を進める上で柔軟に考えてよいのです。

　ご存知のとおり、月次資金繰表は、1年間の資金繰りを明らかにすることです。ただし、資金繰りは日々変化します。仮に計画どおりに売上高を計上しても、得意先の検収作業の遅延から代金の回収が遅れる場合など、自助努力ではどうにもならないことが多くあります。

　そのため、日繰りでの資金繰り管理を要するような一部の企業を除き、資金繰り単月実績の計画比増減を見て一喜一憂することなく、あくまで年間ベースでの資金の流れを捉えることにより、損益状況を含めて企業の状況を理解して資金対応をしていくことが重要なのです（**図表4-13**）。

第４章　財務面をどう把握するか

図表4-11　資金調達できるかの判断項目

	項　目	確認事項
1	「マル保の空き枠」「プロパー融資残高（プロパー比率）」	・マル保の空き枠があれば資金調達はしやすい。 ・プロパーの残高が大きい金融機関は、追加融資による支援に積極的であることが多い。
2	「格付（債務者区分）」「業績の見通し」	・格付が「要注意先」以下の場合には、新規調達額には限界がある。 ・格付が「要注意先」であっても今後の業績の見通しが明るい（＝「経営改善計画」の進捗が良好）場合には資金調達できる可能性がある。
3	「債務償還年数」	・今期の業績着地見込による簡易CF（当期純利益＋減価償却費）で算定した「債務償還年数」が一定の範囲内（目安15年以内）とならなければ資金調達に難あり。 ［債務償還年数の算定式］ {①純負債（「借入金残高」－「現預金」）－②経常運転資金（「売上債権」＋「棚卸資産」－「買入債務」）}÷③簡易CF（当期純利益＋減価償却費）
4	「現預金残高」「個人資産」	・資金調達する企業の、「現預金残高」が多い場合には、銀行からの調達がしやすい。逆に少ない場合には、調達において支障となる場合がある。 ・オーナー企業の場合、オーナーが銀行に担保提供していない資産を多額に保有している場合には、調達する上でプラス材料。
5	「メイン金融機関の融資姿勢」	・メイン銀行の直前の融資姿勢（前回調達時からの経過期間・融資額・期間・担保等の条件）はどうか。 ・従来プロパー融資を行っていたメイン銀行が、わずかな金額のマル保融資に限定して対応をした場合などは、調達に限界あり。

【図表4-12　資金繰り表作成時のヒアリング内容】

	項　目	主なヒアリング内容
1	売上高の月別計画	・資金繰り管理上のセグメントごと（取引先別・部門別など）に月別の「売上高」計画 （例）　　　１月　２月　３月　… 　　Ａ部門　20　25　15 　　Ｂ部門　15　10　30 　　Ｃ部門　10　15　20
2	売上原価の月別計画	・上記セグメントに応じて月別の「売上原価」計画
3	回収・支払条件	・売上高の「回収条件（月末締翌月末、50％現金・50％手形［120日］など）」と「支払条件（同じ）」
4	販売管理費の月別計画	・月別の「販売管理費」計画
5	割賦・リースの月別支払計画	・「割賦」や「リース」の月支払予定額
6	納税資金の支払計画	・法人税・消費税等の支払予定額・時期
7	設備投資の計画	・今後の設備投資計画（金額・時期）
8	資金調達の計画	・借入金の返済計画 ・銀行別の調達計画

図表4-13 資金繰表

(単位 M)

		4月	5月	6月	7月	8月	9月	10月	11月	12月	1月	2月	3月	合計
1	売上高	401	329	308	355	408	381	428	543	524	443	431	433	4,983
	A事業	65	55	14	14	14	24	54	89	94	79	69	59	510
	B事業	210	180	152	125	170	168	228	268	274	248	256	268	2,158
	C事業	120	88	135	209	217	183	140	180	150	110	100	100	1,525
	D事業	6	6	6	6	6	6	6	6	6	6	6	6	60
2	原価	363	296	301	325	377	352	401	515	491	416	393	382	4,611
3	販売管理費	24	24	24	24	24	24	24	24	24	24	24	24	287
	人件費	12	12	12	12	12	12	12	12	12	12	12	12	139
	一般管理費	12	12	12	12	12	12	12	12	12	12	12	12	148
4	営業利益	△4	△6	△17	6	7	5	3	4	10	3	14	27	52

		4月	5月	6月	7月	8月	9月	10月	11月	12月	1月	2月	3月	合計
①	前月繰越高[管理預金]	81	116	77	184	221	263	186	221	178	219	226	220	
	現金回収	0	0	0	0	0	0	0	0	0	0	0	0	0
	売掛金現金回収	405	381	287	284	291	361	360	402	504	520	424	412	4,631
	[受取手形回収額]	52	32	3	18	33	61	66	56	53	58	43	43	517
	受取手形期日入金	2	6	10	44	57	37	7	22	37	65	70	60	418
	受取利息・雑収入	0	0	0	0	0	0	0	0	0	0	0	39	39
	手形割引ほか	25	37	49	0	0	0	0	0	0	0	0	0	111
	その他入金	17	3	2	2	2	2	2	2	2	2	2	2	40
②	経常収入	449	427	348	330	349	400	369	426	543	587	496	513	5,238
	現金支払	0	0	0	0	0	0	0	0	0	0	0	0	0
	買掛金現金支払	239	300	231	260	297	315	315	370	420	388	346	341	3,821
	[支払手形発行額]	91	52	27	52	60	69	65	73	92	89	75	73	820
	支払手形決済	120	99	128	60	94	55	30	56	64	73	68	76	922
	人件費	12	12	12	12	12	12	12	12	12	12	12	12	140
	経費[販管費]	11	11	11	11	11	11	11	11	11	11	11	11	135
	支払利息・雑収入	1	4	3	3	3	3	3	3	3	3	3	3	35
	税金・配当	1	92	0	0	0	0	0	0	0	0	0	0	93
	その他支払	0	7	10	0	0	0	0	0	0	0	0	7	24
③	経常支出	383	525	395	346	418	396	372	452	509	486	439	449	5,170
④	経常収支 [②-③]	66	△98	△47	△16	△68	3	△2	△26	34	101	57	64	68
⑤	投資				0		17	0			0	1	1	20
⑥	固定資産売却				9								19	28
⑦	設備投資収支 [⑥-⑤]	0	0	0	9	△0	△17	△0	△0	△0	△1	△1	19	8
⑧	銀行借入	0	138	210	80	200	239	100	50	50	0	0	60	1,127
	短期借入	0	120	130	80	0	0	100	50	50	0	0	60	590
	1 □□銀行		50		50			50		50			30	230
	2 ○○銀行		70	30	30			50	50				30	260
	3 △△銀行			100										100
	長期借入	0	0	80	0	200	0	0	0	0	0	0	0	280
	1 □□銀行													0
	2 ○○銀行			80		200								280
	3 △△銀行													0
	定期預金解約ほか	0	18	0	0		239	0	0	0	0	0	0	257
⑨	銀行借入返済	31	79	56	36	89	303	62	67	43	94	62	61	983
	短期借入返済	22	31	28	27	41	177	38	43	37	53	38	29	564
	1 □□銀行	16	18	16	18	16	16	16	20	22	16	16	18	208
	2 ○○銀行	6	13	12	9	25	79	17	18	14	28	17	11	251
	3 △△銀行	0	0	0	0	0	82	5	5	0	9	5	0	104
	長期借入返済	3	42	23	3	43	120	18	18	1	35	18	27	352
	1 □□銀行	0	8	4	0	7	1	1	1	0	1	1	0	24
	2 ○○銀行	3	33	19	3	35	119	18	18	1	33	18	27	326
	3 △△銀行													2
	定期振替ほか	6	6	6	6	6	6	6	6	6	6	6	6	67
⑩	財務収支 [⑧-⑨]	△31	59	154	44	111	△64	38	△17	7	△94	△62	△1	144
⑪	翌月繰越高 (1)	116	77	184	221	263	186	221	178	219	226	220	301	
	内拘束定期預金	155	155	155	155	155	155	155	155	155	155	155	155	
	内非拘束定期預金	130	130	130	130	130	130	130	130	130	130	130	130	
⑫	翌月繰越高 (2)	△168	△207	△100	△63	△21	△98	△63	△106	△65	△59	△64	16	

コラム ❹ 面談を有意義なものにするには

　取引先の改善計画を策定支援する際に感じることですが、一般的に経営者が重視するのが売上拡大なのに対して、金融機関は利益面（特にコスト削減）を重視する傾向があります。

　経営者とすれば、売上を確保しなければコスト削減どころではないので、売上重視はある意味当然といえます。まずは、経営者の考えを素直に聞く姿勢を持ち、金融機関としてどのような協力（融資、紹介等）ができるかについて話ができれば、有意義な面談になるのではないでしょうか。

　そこで筆者は、面談の前に十分な準備をすることを心がけています。具体的には次のようなことです。

①決算書等事前に入手した資料の丹念な読み込み
⇒決算書は勘定科目明細も含めてチェックすれば仕入・販売先等も含め、取引情報の大半は網羅することができる。
②会社のパンフレット、ホームページから会社の事業内容を把握
③取引先が抱える課題・問題点の抽出
④解決に向けた方向性

　準備に時間を費やす最大の目的は、知識、情報のレベルを可能な限り経営者に近付けるためです。というもの、経営者は自分の会社のことをよく理解してくれている人にしか情報を開示してくれず、また、相談してくれないからです。

　例えば、減収の要因について「前期の減収要因は何ですか？」と聞くよりも、「前期はＡ取引先の売上は伸びていますが、大口のＢ取引先の減少幅が大きく減収になっていますが、どのような要因があるのですか？」と聞いたほうが、経営者の心に響きより具体的な情報を開示してくれます。

第5章

数値目標の立て方・計画の作り方

　本章では、事業計画書の数値目標の立て方や具体的な作成方法を解説していきます。事業計画書には、どんな種類があり、どういう目的で作成するのかについて見ていきます。

5-1　事業計画書の概要

　平成 21 年 9 月に施行した金融円滑化法により、借入金の返済リスケジュール（以下、「リスケ」という）を行った企業は、30〜40 万社、経営改善を必要とする企業は 5 万社といわれ、これらの企業のほとんどが事業計画書（経営改善計画書）を策定しています。

　事業計画書は、原則として会社が作成します。しかし、経営資源（ヒト・モノ・カネ・情報等）が不足しがちな中小企業は、経営企画部門の担当者や財務担当者を抱えていないことが多く、経験やスキルの不足から自社で作成できない場合があります。

　このような場合は、メインの金融機関で代理作成してもらうか、外部専門家などの支援を受けて作成をしていく必要があるでしょう。

(1) 事業計画書作成の必要性

　事業計画書の種類は、目的に応じて分類方法が異なります。本書では、事業計画書の活用の仕方が社内向けか、もしくは社外向けかにより 2 通りに分類して説明していきます（**図表 5-1**）。

図表 5-1　事業計画書の種類と作成目的

NO	種　類	主な作成目的・メリット
①	社内向け事業計画書	□企業の将来の姿の具現化による社内意思の統一 □役割責任や目標の明確化による従業員モチベーションの向上 □経営者による課題整理や課題解決に向けた対策の検討 □数値による経営管理サイクルの定着化 □経営者自身の財務数値能力の向上 （例）単年度事業計画書（1 年） 　　　中期事業計画書　（3 年〜5 年） 　　　長期事業計画書　（7 年〜10 年）
②	社外向け事業計画書	□金融機関からの金融支援の承諾 □適正な情報開示による資金調達力の向上 □信用格付の向上による資金調達条件の改善 （例）同上 　　　経営改善計画書（1 年から 10 年）

第5章　数値目標の立て方・計画の作り方

　「①社内向け事業計画書」の作成目的は、企業の将来の姿を示すことで経営幹部や従業員の士気向上を図り、損益改善に向けた原動力とするためです。経営は、「人（ヒト）」、「もの（モノ）」、「金（カネ）」といいますが、この「人」を活性化させる組織マネジメント強化の取組みは、企業が損益改善を行う上で非常に有効です。そのため、将来に不安を感じた経営者が、自らの考えを従業員へ伝播させ組織活性化を図ることを目的に、作成をするケースも多いようです。

　一方、「②社外向け事業計画書」の作成目的は、収益改善を図り、金融機関から資金調達やリスケなどの金融支援を得るために策定します。そのため、金融機関からの要請により作成するケースが多いかもしれません。

　なお、本書では、特段の説明がない限りは、後者の「②社外向け事業計画書」のケースを前提として解説をしています。

（2）金融機関が金融支援するメリット

　経営改善に取り組む企業の多くは、業績の悪化や財務上の問題から信用格付が低く、資金調達が困難な状況にあることから資金繰りに問題を抱えています。

　通常、このような状況の企業は、リスケにより資金繰りの悪化を防いだ上で、本格的な損益改善活動を行っていきます。このリスケによる返済猶予は2～3ヵ月間の暫定的な期間対応となるケースが多く、債務者である企業は、数ヵ月以内に事業計画書（収益改善計画書）を金融機関に提出し、実態に合った金融支援を受ける必要があります。

　そのため、提出する事業計画書（収益改善計画書）は、企業からの金融支援の要請に対して、金融機関が合意できるための有効な意思決定サポート資料にすることが重要です。つまり、企業に対する金融支援が金融機関側にとってもメリットがあることを示すことが大事なのです。

　本章では、事業計画書（経営改善計画書）への具体的記載事項などを

解説していきますが、まずは、金融機関が金融支援に応じる場合の考え方を体系的に知っておく必要があります。

そこで、金融支援（借入金返済猶予、金利減免、DDS、債権放棄など）が、債務者（企業）と債権者（金融機関）の双方にとって、どのようなメリットがあるのかを整理してみましょう。

まず、図表 5-2 を見てください。債権者である金融機関が、金融支援（①リスケ、②金利減免、③ DDS、④債権放棄）に応じる場合は、信用コストの低減等により金融機関側がメリットを享受できる場合に限られます。

つまり、債務者が要請する金融支援の内容に、金融機関にとっての経済合理性がなければ、基本的には容認されないのです。

（3）金融支援の経済合理性を示す内容

では、金融支援をした場合の金融機関側の経済合理性について、事業計画書にどのように示せばよいのでしょうか。

図表 5-2　金融支援によるメリット

NO	主な金融支援策	企業側	金融機関側
①	リスケ （返済猶予）	・資金繰りの改善 ・収益改善に専念できる体制を構築	・企業の経営破綻の抑制 　[貸倒損失発生の防止] ・収益改善による債務者区分のランクアップ 　[信用コストの低減]
②	追加融資	・資金繰りの改善	・同上
③	金利減免	・支払利息負担の低減 　[P/L の改善]	・経営改善計画達成の確率を向上させ債務者区分ランクダウンを防ぐ 　[信用コスト増加を抑制]
④	DDS	・実質自己資本の増強 ・金融機関からの資金調達力の向上	・実質自己資本の増強による債務者区分のランクアップ 　[信用コストの低減]
⑤	債権放棄	・財務内容の改善 ・金融費用の低減	・一部の債務を免除することで債務者区分のランクアップ 　[トータルの信用コストの低減]

第5章 数値目標の立て方・計画の作り方

まず、企業の信用状況に応じて、金融機関側が負担をする引当金コストを算定するための自己査定や、債務者区分判定の仕組みを理解することが必要です。

自己査定とは、金融機関が、企業の財務状況等（①損益、②財務、③キャッシュフロー）に基づき債務者区分（正常先、要注意先、要管理先、破綻懸念先、実質破綻先、破綻先）を判定した上で、回収の危険性または価値の毀損の危険性の度合いに応じて、貸出債権を分類することです。

金融機関の引当金コストの増減は、企業の「債務者区分判定における主要項目（**図表5-3**）」の状況に応じて変化します。

このため、図表5-3の①〜③の項目が改善（×→○）することにより、今後の債務者区分がランクアップしていくことを、事業計画書の数値によって明確に示していくことが重要になります。

図表5-3　債務者区分判定における主要項目

NO	項　目	内　　容	判　定
①	P/L（損益状況）	黒字か？	○・×
②	B/S（財務状況）	実質自己資本はプラスか？	○・×
③	CF（資金繰り）	債務償還年数は10年［15年］以内か？	○・×
－	その他（債務履行状況）	借入金の延滞はないか	延滞・非延滞

（4）金融支援の中心となるリスケ

本章の第2項で、各種の金融支援策ごとに債権者と債務者のメリットについて説明しましたが、DDSや債権放棄の案件は少ないため、読者にとって最も関心が高い金融支援策の内容は、リスケではないでしょうか。

そこで、この項では、多くの金融支援策の中からリスケ（返済猶予）に絞って、金融機関側の立場からその必要性について見ていきます。

企業（債務者）と金融機関（債権者）がリスケを行うメリットは、**図表5-4**のとおりです。金融機関がリスケに応じる理由は主に2つあります。

図表5-4　金融機関がリスケに応じる理由

	金融支援策	企業側	金融機関側
1	リスケ	・資金繰りが改善 ・収益改善に専念できる体制を構築	①経営破綻の抑制 ［貸倒損失発生の防止］ ②収益改善による債務者区分のランクアップ ［信用コストの低減］

①経営破綻の抑制による貸倒損失の発生防止

金融機関が、リスケに応じる理由の一つは、経営破綻させるよりも事業を継続させたほうが望ましいと判断するからです。

つまり、企業が破綻するよりも、リスケによる資金繰り支援を行うことにより事業を継続させたほうが、金融機関側の損失額をより少なく抑えられると考えるのです。

企業が経営破綻をすると、通常、金融機関の無担保融資の80％以上の金額は回収できません。ところが、赤字であってもキャッシュフロー（CF）がプラスであれば、事業継続を行う限り、金融機関の融資回収額は確実に増えるのです。

このように、企業の業績がどんなに悪化していても今後のCFのプラスが見込める場合には、リスケにより事業継続を支援したほうが、金融機関にとってのメリットは大きいのです。

②収益改善による債務者区分のランクアップ

金融機関がリスケに応じるもう一つの理由は、収益改善ができれば、債務者区分のランクアップを通じて信用コスト（貸倒引当金）の低減メリットが享受できるからです。

リスケする企業は、損益や財務面に何らかの問題を抱えているために、債務者区分（信用格付）が低いはずです。おそらく「正常先」の企

業は少なく、「要管理先」か「破綻懸念先」が多いため、貸倒引当金コストが膨らんでいます。

　第2章で解説したとおり、金融機関が負担をする貸倒引当金の額は、債務者区分に応じて実施する資産査定（自己査定）の分類区分に応じて増減します。そのため、事業計画書（経営改善計画書）により今後の業績改善が可能であると判断できれば、債務者区分のランクアップを通じて貸倒引当金コストを低減することが可能となるのです。

　金融機関にとっては、決算へのプラス効果があることに加え、貸出資産の健全性にもつながることから、当然リスケを断る理由はなくなります。

　以上①・②で説明したとおり、金融機関側がリスケに応じるのは、金融機関側にとって経済合理性がある取引に限定されます。ここでは、リスケに関して解説をしましたが、その他の金融支援策（「追加融資」「DDS」「債権免除」など）も同様です。

(5) 計画書へ記載する具体的な数値目標

　事業計画書（経営改善計画書）へ記載する数値目標の内容は、**図表5-5**のとおりです。このように、数値目標は、経営改善が図れた場合に、企業の債務者区分がランクアップすることを明確に示すことが重要なのです。

(6) 金融機関へ提出する書類

　一般的に金融支援を要請する場合に、金融機関へ提出する書類は**図表5-6**のとおりです。なお、ここでは第2章で説明した中小企業再生支援協議会の関与案件の場合に提出する財務調査報告書や事業調査報告書に関する記載は省略しています。

図表 5-5　経済合理性を証明する数値計画（＝計画書に記載する「絶対的項目」）

NO	内　容	期限目標	金融機関の判断内容
①	キャッシュフローがプラス化の時期	計画○年目	□企業の存続有無の見極め ・CF プラス　見込→支援を継続 ・CF マイナス見込→廃業を検討
②	黒字化の時期	計画○年目	
③	実質債務超過の解消時期	計画○年目	□事業性・正味収益力の有無 □債務者区分ランクアップの可能性
④	債務償還年数の正常化スケジュール	計画○年目に○年に短縮	
⑤	金融支援の内容	適宜の方法で明示	□中小企業再生支援協議会等の支援の有無 □具体的な金融支援内容 　（リスケ、DDS、DES、債権免除、金利減免、新規融資など） □返済スケジュール □金融機関別取引状況と返済ルール（残高・信用プロラタ返済） □その他

図表 5-6　金融機関に提出する資料の一例（具体的な例）

NO	資料名	記載内容
①	企業概況・俯瞰図	□会社名・住所・代表者 □業種（取扱内容）・資本金・設立・役員・株主構成 □販売先、仕入先 □事業内容・商流・組織図　など
②	予想損益計算書	□黒字転換の時期［計画 0-1 年目］
③	予想貸借対照表	□債務超過の解消時期［計画 10 年以内］
④	予想キャッシュフロー計算書	□CF のプラス時期［計画 0 年目］
⑤	予想原価・販売管理費	□固定費の削減計画 □コスト構造改革の内容
⑥	含み損益状況一覧表	□回収不能債権・資産劣化した資産・簿外債務の内容
⑦	アクションプラン	□収益改善において重要となる行動計画 　誰が、いつまでに、何を、どのように行うかを具体的に決めた行動計画
⑧	保有不動産一覧表	□不動産物件の明細・利用状況・含み損・担保設定状況　など
⑨	予想資金繰表	□今後の資金繰り
⑩	金融機関への支援要請内容	□具体的な金融支援の内容

□一般的に、②～④および⑩の提出は必須です。
□②～④は「財務 3 表」といい、「損益」「財務」「CF」の改善を数値で示します。
□⑩は、金融機関への金融支援要請内容を示します。

第5章 数値目標の立て方・計画の作り方

(7) 財務3表作成の流れ

　金融機関に提出する事業計画書の中で、最も重要な内容は、今後の経営改善状況を数値で表した「財務3表」になります。これらは、「予想損益計算書」「予想貸借対照表」「予想キャッシュフロー計算書」で構成され、経営改善の効果を数値により定量化した書類です。これらの書類は、債務者区分や格付の判定に大きな影響を与えるものです。

　ここで、財務3表の作成方法を具体的に説明する前に、全体の作成の流れ（プロセス）について少しだけふれておきます。財務3表の主な作成プロセスは、**図表5-7、5-8**のように5段階あります。

図表5-7　財務3表の作成プロセス概要

【図表5-8　財務3表の作成プロセス詳細】

書類名	プロセス	内　容
予想損益計算書 （P/L）の作成	【Step①】 売上高計画 （管理部門別）	・売上高を「部門別」「商品別」「地域別」などに細分化 ・売上高の積み上げ ・不採算部門の業務撤退・縮小　など
	【Step②】 コスト計画 （原価・販管費）	・固変分解してコスト構造を分析 ・原価低減 ・固定費削減 ・人員の増減　など
予想貸借対照表 （B/S）の作成 予想キャッシュ フロー計算書 （CF）の作成	【Step③】 支払・回収計画 （サイト）	・支払条件（現金・手形・サイト） ・回収条件（現金・手形・サイト） ・貸付金・未収入金・預かり金等の増減 ・増加運転資金　など
	【Step④】 設備投資計画 （投資・除却）	・投資額（有形・無形・投資等） ・除却額（有形・無形・投資等）など
	【Step⑤】 資金計画 （借入返済）	・借入金調達額 ・借入金返済額（返済ルールを含む） ・増資 ・債務償還年数の短縮化　など

まず、予想損益計算書（P/L）の作成を行うための「①売上高計画」・「②コスト計画」の工程があり、次に、予想貸借対照表（B/S）と予想キャッシュフロー計算書（CF）の作成を行うための「③支払・回収計画」・「④設備投資計画」・「⑤資金計画」という工程があります。

5-2 事業計画書を作成する

　ここからは事例を用いて、具体的に財務3表［予想損益計算書（P/L）、予想貸借対照表（B/S）、予想キャッシュフロー計算書（CF）］を作成していきます。

　財務3表を作成するにあたっては、経営理論や財務知識があればベストですが、何よりも経営者から必要な情報を効率的に聞き出す能力が求められます。

【事例研究】　事業計画書の「財務3表」の作成

　あなたがメイン金融機関の融資担当者になったつもりで、**図表5-9、5-10、5-11**を参考に、㈱ABCパーツ［金属プレス業］の「**財務3表**」を作成しましょう。

（経緯）

　同社は、前期（N期）決算で「**赤字（2期連続）**」・「**債務超過**」に転落しました。加えて、1年前より金融機関借入金は元金返済猶予（リスケジュール）を実施しているため、取引金融機関に対して今後の返済計画を示す必要性があります。

　今般、同社杉山社長より必要事項のヒアリングを行い、今期（N＋1期）の事業計画書に添付する「財務3表」の作成をサポートすることにしました。

［注意］「経営者からのヒアリング内容」は、読者が理解をしやすいように簡潔な表現で記載しています。

第5章 数値目標の立て方・計画の作り方

図表 5-9 ㈱ABCパーツの「①企業概要」

<table>
<tr><td rowspan="11">①企業概要</td><td>対象先</td><td colspan="4">株式会社ABCパーツ</td><td colspan="4"></td></tr>
<tr><td>連絡先</td><td colspan="2">00-123-4567</td><td>住　所</td><td colspan="5">東京都荒川区□□1丁目1番1号</td></tr>
<tr><td>業　種</td><td colspan="2">金属プレス業</td><td>設立年月日</td><td colspan="2">平成14年5月（設立）</td><td>年　商</td><td>600</td><td>百万円</td></tr>
<tr><td>(事業内容)</td><td colspan="2">(アミューズメント機器部品、パチンコ部品など)</td><td>代表者</td><td colspan="2">杉山 功貴 [昭45年6月生まれ]</td><td>年　齢</td><td>44</td><td>歳</td></tr>
<tr><td>資本金</td><td>10百万円</td><td>従業員数
(うちパート)</td><td>55 (20) 名</td><td>主要金融
機関</td><td>① メイン</td><td>② サブ</td><td>③ その他</td><td>④</td><td>⑤</td></tr>
<tr><td colspan="5" rowspan="6">【沿革】
・平成05年　大学卒業後、金属プレスメーカーへ就職
・平成12年　同社取締役に就任
・平成14年　㈱ABCパーツを設立、代取に就任

【事業内容】
アミューズメント機器部品（50%）、パチンコ台部（34%）
産業機械部品（16%）
販売先は、大手アミューズメント機器メーカー[東証1部]が中心。
多品種少量生産の短納期対応で、同業他社比高い粗利益率を確保。</td><td colspan="2">名前</td><td>株数</td><td>関係</td><td rowspan="6">役員構成</td><td>名前</td><td>役職</td></tr>
<tr><td rowspan="5">株主構成</td><td>杉山 功貴</td><td>180</td><td>代取</td><td>杉山 功貴</td><td>代取</td></tr>
<tr><td>杉山 瑞希</td><td>20</td><td>妻</td><td>杉山 瑞希</td><td>取締役</td></tr>
<tr><td></td><td></td><td></td><td></td><td></td></tr>
<tr><td></td><td></td><td></td><td></td><td></td></tr>
<tr><td>計</td><td>200</td><td></td><td></td><td></td></tr>
</table>

図表 5-10 ㈱ABCパーツの「②業況推移等」

(単位：千円)

		N-3期 (4年前)	N-2期 (3年前)	N-1期 (2年前)	N期 (前期実績)
②業績推移等	売上高	720,000	730,000	650,000	600,000
	営業利益	6,000	10,000	△15,000	△10,000
	経常利益	4,000	8,000	△17,000	△12,000
	当期利益	4,000	8,000	△17,000	△15,500
	減価償却	11,000	12,000	12,000	12,000
	決算上自己資本	22,500	30,500	13,500	△2,000
	修正	0	0	0	0
	実質自己資本	22,500	30,500	13,500	△2,000
	総借入	180,000	190,000	210,000	210,000

【業績サマリー】
・安定して毎期「黒字」を計上してきたが、ここ2年間はパチンコメーカーからの受注が減少。
・直前決算では、2期連続赤字で債務超過（△2,000千円）に転落。
・前期（N期）から、借入金の元金返済猶予中。[リスケ中]
・黒字化に向けた「経営改善プラン」の策定が必須。

図表5-11 ㈱ABCパーツの「③財務内容」

③財務内容	前期（N期）決算							（単位：千円）	
	資産の部		決算	修正	実質	負債の部	決算	修正	実質
		現預金	20,000		20,000	支払債務	40,000		40,000
		売上債権	75,000		75,000	短期借入金	50,000		50,000
		棚卸資産	50,000		50,000	その他	60,000		60,000
		その他	55,000		55,000	流動負債計	150,000	0	150,000
	流動資産計		200,000	0	200,000	長期借入金	160,000		160,000
		土地	0		0	その他	27,000		27,000
		建物	30,000		30,000				0
		その他	90,000		90,000				0
	有形固定資産		120,000	0	120,000	固定負債計	187,000		187,000
	無形固定資産		5,000		5,000	負債合計	337,000	0	337,000
		投資有価証券	0		0	資本の部			
		関係会社株式	0		0	資本金	10,000		10,000
		保険積立金他	10,000		10,000	その他	△12,000		△12,000
	投資等		10,000	0	10,000				0
	固定資産計		135,000	0	135,000				0
	繰延資産		0		0	自己資本	△2,000	0	△2,000
	資産合計		335,000	0	335,000	負債・資本合計	335,000	0	335,000

【主要項目コメント】
・前期決算（N期）の赤字で債務超過（△2,000千円）に転落。含み損益はなし。

◆経営者への事前説明～事業計画書作成の目的を伝える～

（担当者）貴社は前期（N期）決算が赤字となり2期連続の赤字の状態です（**図表5-10**）。加えて、債務超過に陥っています（**図表5-11**）。そのため、本年度の事業計画書（財務3表）を早急に提出してください。

（経営者）分かりました。

（担当者）微力ながら私も貴社の事業計画書作成のお手伝いをします。

（1）予想損益計算書（P/L）の作成①

　前述の「財務3表」の作成プロセスに従って、まずは①売上高の計画を策定していきます。

第5章 数値目標の立て方・計画の作り方

予想損益計算書（P/L）の作成①

| 損益計算書（P/L）の作成 | 貸借対照表（B/S）／キャッシュフロー計算書（CF）の作成 |

【step①】売上高計画（管理部門別） → 【step②】コスト計画（原価・販管費） → 【step③】支払・回収計画（サイト） → 【step④】設備投資計画（投資・除却） → 【step⑤】資金計画（借入返済）

◆経営者からのヒアリング内容（1）～売上高計画の策定条件を聴取する～

（担当者）売上高は、どのようなセグメントになりますか？

（経営者）得意先別に管理しています。前期（N期）の実績は、A社［ゲーム機器製造］300M、B社［パチンコ部品製造］200M、C社［産業機械製造］100Mでした。

（担当者）今期（N＋1期）の売上高は、対前期比で何％伸びる予定ですか？

（経営者）A社は前期比＋20％、B社は同△15％、C社は±0％程度の予定です。

（担当者）つまり、A社は前期比＋60,000千円、B社は同△30,000千円、C社は0千円（＝横這い）ということですね。

（経営者）はい。

（担当者）新規先の獲得計画はありますか？

（経営者）ありません。

（担当者）売上高計画をまとめると、このようになります（**図表5-12**）。売上高は前期比5％の伸びとなりますが、いかがですか？

（経営者）イメージどおりです。今期の売上高は、前期比30,000千円（5％）程度の伸びを計画しています。

図表5-12　売上高計画〈完成版〉

P/L［損益計画書］の作成　　　　　　　　　　　　　計画の策定ロジック

（単位：千円）

科　目　名	N期（前期実績）		N+1期〈今期計画〉		対前年比増減額		計画数値の根拠	
		売上高比率		売上高比率		売上高比率	内容	具体的数値
1　売上高	600,000	100.0%	630,000	100.0%	30,000	0.0%	a 自動計算	-
（月商）	(50,000)		(52,500)		(2,500)			
1　A社［ゲーム機器製造］	300,000	50.0%	360,000	57.1%	60,000	7.1%	b 対前年比増減額	60,000
2　B社［パチンコ部品製造］	200,000	33.3%	170,000	27.0%	△30,000	△6.3%		△30,000
3　C社［産業機械製造］	100,000	16.7%	100,000	15.9%	0	△0.8%		0

　このように売上高計画は、管理部門（事業別・商品別・エリア別）ごとに細分化をして策定します。そうすれば、セグメントごとの前期との増減理由（**図表5-13**）を明らかにすることで計画数値の妥当性を検証することが可能になります。

図表5-13　売上高増減理由

（単位：千円）

科　目　名	N期（前期実績）	N+1期〈今期計画〉	対前年比増減額	ヒアリングした内容
1　売上高	600,000	630,000	30,000	
A社［ゲーム機器製造］	300,000	360,000	60,000	・A社主力ゲーム機の新機種が販売、20.0%増
B社［パチンコ部品製造］	200,000	170,000	△30,000	・パチンコ店の設備投資を抑制、△15.0%減
C社［産業機械製造］	100,000	100,000	0	・毎期安定して受注を確保中、±0.0%横這い

　妥当な売上高計画を策定するには、数値を細分化し、経営事例の多くに関わってきた金融機関の担当者が数値ロジックをしっかりと検証することが重要です。

　本件事例では、売上高を得意先別で細分化しましたが、企業の実情に応じてエリア別・商品別などに細分化して計画を策定してもよいでしょう。

　例えば、大きく利益率が異なる商品（サービス）を取り扱う企業の場合、利益率が高い商品の売上高の増減が、利益計画達成の有無に大きく影響することから、商品別の売上高計画を策定します。そうすることで、その後の予算実績管理の場でも利益率の高い商品を重点的に管理で

第5章 数値目標の立て方・計画の作り方

き、計画達成に向けた経営管理体制が構築しやすくなります。
　このように、売上高のセグメント分けの内容は、経営管理のしやすさも含めて検討することも重要です。

(2) 予想損益計算書（P/L）の作成②

　ここでは、売上高計画に応じた②コスト（原価および販売管理費）計画を策定し、予想損益計画書（P/L）を策定します。

予想損益計算書（P/L）の作成②

| 損益計算書（P/L）の作成 | 貸借対照表（B/S）／キャッシュフロー計算書（CF）の作成 |

| 【step①】売上高計画（管理部門別） | 【step②】コスト計画（原価・販管費） | 【step③】支払・回収計画（サイト） | 【step④】設備投資計画（投資・除却） | 【step⑤】資金計画（借入返済） |

◆経営者からのヒアリング内容（2）～コスト計画を聴取し損益計算書を作成する～

（担当者）それでは、次にコスト（原価・販管費）計画についてお聞きします。材料費・労務費・外注費の3つは、売上高に応じて金額が変動する変動費で、その他の経費はすべて固定費でよいですか？

（経営者）そのとおりです。

（担当者）前期と比較して、コスト構造に変化はありますか？

（経営者）材料費の売上高比率は前期と変わりませんが、労務費は同△1.2％、外注費も同△0.5％引き下げる予定です。

（担当者）固定費は前期比増減がありますか？

（経営者）人件費はパート社員の削減で前期比△2,000千円削減します。ただし、減価償却費は前期比＋500千円増加します。

（担当者）営業外損益は前期と同額ですか？

（経営者）はい。

（担当者）特別損益はありますか？

（経営者）ありません。
（担当者）コスト計画をまとめて予想損益計算書（P/L）を作成するとこのようになります（**図表5-14**）。この計画では、経常利益は15,150千円となります。
（経営者）イメージどおりです。今期は2期ぶり黒字計上の予定です。

図表5-14　予想損益計算書（P/L）〈完成版〉

P/L［損益計画書］計画　　　　　　　　　　　　　　計画の策定ロジック

（単位：千円）

科目名		N期（前期実績）		N+1期〈今期計画〉		対前年比増減額		計画数値の根拠	
			売上高比率		売上高比率		売上高比率	内容	具体的数値
1	売上高	600,000	100.0%	630,000	100.0%	30,000	0.0%	a 自動計算	－
2	原価	420,000	70.0%	424,350	67.4%	4,350	△2.6%	a 自動計算	－
	期首商品棚卸高	50,000	－	50,000	－	0	－		
	1　材料費［変動費］	80,000	13.3%	84,000	13.3%	4,000	0.0%	c 売上高比率の対前年比増減	0.0%
	2　労務費［変動費］	150,000	25.0%	150,000	23.8%	0	△1.2%		△1.2%
	3　外注費［変動費］	70,000	11.7%	70,350	11.2%	350	△0.5%		△0.5%
	4　経費［固定費］	120,000	20.0%	120,000	19.0%	0	△1.0%	b 対前年比増減額	0
	期末商品棚卸高	50,000	－	50,000	－	0	－		
4	販売管理費	190,000	31.7%	188,500	29.9%	△1,500	△1.7%	a 自動計算	
	1　人件費［固定費］	50,000	8.3%	48,000	7.6%	△2,000	△0.7%	b 対前年比増減額	△2,000
	2　地代［固定費］	50,000	8.3%	50,000	7.9%	0	△0.4%		0
	3　減価償却費①	12,000	2.0%	12,500	2.0%	500	△0.0%		500
	4　その他［固定費］	78,000	13.0%	78,000	12.4%	0	△0.6%		0
5	営業利益	△10,000	△1.7%	17,150	2.7%	27,150	4.4%	a 自動計算	
	営業外収益	1,000	0.2%	1,000	0.2%	0	△0.0%	b 対前年比増減額	0
	営業外費用	3,000	0.5%	3,000	0.5%	0	△0.0%		0
6	経常利益	△12,000	△2.0%	15,150	2.4%	27,150	4.4%	a 自動計算	－
	特別利益	0	0.0%	0	0.0%	0	0.0%	b 対前年比増減額	0
	特別損失	3,000	0.5%	0	0.0%	△3,000	△0.5%		△3,000
7	税引前当期純利益	△15,000	△2.5%	15,150	2.4%	30,150	4.9%	a 自動計算	－
	法人税等	500	0.1%	6,060	1.0%	5,560	0.9%	a 自動計算	－
8	当期純利益②	△15,500	△2.6%	9,090	1.4%	24,590	4.0%	a 自動計算	－

　コスト計画を策定するには、固変分解（「固定費」と「変動費」に分解）したうえで、固定費は前期比増減額を、変動費は対売上高比率の前期比増減を聴取します。
　一般的に、年度ごとにコスト構造（変動費の売上高に対する比率）は大きく変化しないため、売上高に対する比率が大きく変動する場合には、その理由をしっかりと聴取することが、妥当な計画数値を策定する

第5章 数値目標の立て方・計画の作り方

図表5-15 コスト増減理由

(単位:千円)

科目名	N期(前期実績)	売上高比率	N+1期〈今期計画〉	売上高比率	対前年比増減額	売上高比率	ヒアリングした内容
1 売上高	600,000	100.0%	630,000	100.0%	30,000	0.0%	
2 原価	420,000	70.0%	424,350	67.4%	4,350	△2.6%	
期首商品棚卸高	50,000	ー	50,000	ー	0	ー	
1 材料費[変動費]	80,000	13.3%	84,000	13.3%	4,000	0.0%	・不変(比率)
2 労務費[変動費]	150,000	25.0%	150,000	23.8%	0	△1.2%	・生産効率を高めて対前年比△1.2P低減
3 外注費[変動費]	70,000	11.7%	70,350	11.2%	350	△0.5%	・外注先の見直しで前年比△0.5P低減
4 経費[固定費]	120,000	20.0%	120,000	19.0%	0	△1.0%	・不変(金額)
期末商品棚卸高	50,000	ー	50,000	ー	0	ー	
4 販売管理費	190,000	31.7%	188,500	29.9%	△1,500	△1.7%	
1 人件費[固定費]	50,000	8.3%	48,000	7.6%	△2,000	△0.7%	・パート社員を2名削減、△2,000
2 地代[固定費]	50,000	8.3%	50,000	7.9%	0	△0.4%	・不変(金額)
3 減価償却費①	12,000	2.0%	12,500	2.0%	500	△0.0%	・微増(固定資産台帳の償却予定額より)
4 その他[固定費]	78,000	13.0%	78,000	12.4%	0	△0.6%	・不変(金額)
5 営業利益	△10,000	△1.7%	17,150	2.7%	27,150	4.4%	

上で重要です(**図表5-15**)。

　労務費比率(労務費/売上高)が前期比△1.2%低減するということは、今期の売上高は30,000千円(前期比伸び率5%)増加する一方で、労務費は前期と同額の150,000千円(同0%)で運営するという意味です。つまり、労働量は増える一方で生産労働者数は不変なのですから生産効率を高める具体的な方法・マンパワーの余力状況の有無等をしっかりと確認し、計画数値の妥当性の検証を行う必要があるといえます。

　また、外注費率(外注費/売上高)が前期比△0.5%低減する計画については、外注先の見直しによる原価低減の可能性について、しっかりと経営者から聴取する必要があるでしょう。

　販管費(固定費)の人件費削減△2,000千円は、自社で取組みさえすれば比較的実現しやすい項目ですが、原価(変動費)の低減は、仕入先や外注先との交渉(単価引下げ・発注先変更等)が実現しなければ具現化しません。

　そのため、数値の根拠となる具体的なアクションプランの実現性をしっかり見極めることが、計画数値の妥当性を見極める上で必要となっ

てきます。

(3) 予想貸借対照表（B/S）支払・回収計画および設備投資計画の策定

　ここからは、予想貸借対照表（B/S）を策定する上で必要な、③支払・回収条件に加えて、④設備投資計画に関する条件に関しても合わせて聴取します。

予想貸借対照表（B/S）支払・回収計画および設備投資計画の策定

損益計算書（P/L）の作成	貸借対照表（B/S）／キャッシュフロー計算書（CF）の作成

【step①】売上高計画（管理部門別）　【step②】コスト計画（原価・販管費）　**【step③】支払・回収計画（サイト）**　**【step④】設備投資計画（投資・除却）**　【step⑤】資金計画（借入返済）

◆経営者からのヒアリング内容（3-①）～支払・回収条件（サイト）を聴取する～

（担当者）それでは次に、予想貸借対照表（B/S）を策定するうえで必要な条件をお聞かせください。前期と比較して、支払・回収条件に変更はありますか？

（経営者）ありません。

（担当者）貸付金・未収入金などの増減はありますか？

（経営者）ありません。

（担当者）支払・回収計画をまとめるとこのようになります（**図表5-16**）。なお、増収に伴って増加運転資金が4,250千円程度発生します。

（経営者）その程度の資金負担であれば問題ありません。

　計算数値の根拠に記載があるとおり、売上高増減に連動する売上債権（受取手形・売掛金）、棚卸資産、買入債務（支払手形・買掛金）の計画値は、月商比率を聴取します。売上高構成や支払・回収条件に変更がない場合、基本的には月商比率に変更はありません。

第5章 数値目標の立て方・計画の作り方

なお、今期発生する「増加運転資金所要額 4,250 千円」は次のように算出します。

□増加運転資金の算出方法（単位：千円）

【今期】売上債権 78,750 ＋ 棚卸資産 52,500 － 買入債務 42,000
　　　　＝ ①経常運転資金 89,250
【前期】売上債権 75,000 ＋ 棚卸資産 50,000 － 買入債務 40,000
　　　　＝ ②経常運転資金 85,000
　①今期の経常運転資金 － ②前期の経常運転資金
＝ 増加運転資金 ＋4,250 千円

◆経営者からのヒアリング内容（3-②）〜設備投資計画（減価償却含む）を聴取する〜

（担当者）設備投資の計画はありますか？
（経営者）有形固定資産の投資を 2,000 千円 [前期比△500 千円] を予定しています。
（担当者）減価償却予定額は、前期と同額の 12,000 千円でよいですか？

図表5-16　支払・回収計画〈完成版〉

（単位：千円）

科目名		N期（前期実績）	対月商比率	N+1期〈今期計画〉	対月商比率	対前年比増減額	対月商比率	ヒアリングした内容	計画数値の根拠 内容	計画数値の根拠 具体的数値
1	流動資産	200,000	4.0	209,318	4.0	9,318	△0.0		a 自動計算	―
	売上債権	75,000	1.5	78,750	1.5	3,750	0.0	・回収条件は不変（比率）	c 月商比率の対前年比増減	0.0
	棚卸資産	50,000	1.0	52,500	1.0	2,500	0.0	・残高水準は不変（比率）		0.0
	その他	55,000	1.1	55,000	1.0	0	△0.1	・不変（金額）	b 対前年比増減額	0
2	流動負債	150,000	3.0	152,000	2.9	2,000	△0.1		a 自動計算	―
	買入債務	40,000	0.8	42,000	0.8	2,000	0.0	・支払条件は不変（比率）	c 月商比率の対前年比増減	0.0
	その他	60,000	1.2	60,000	1.1	0	△0.1	・不変（金額）	b 対前年比増減額	0

(経営者) はい。ただ、無形固定資産を追加で500千円償却します。
(担当者) 設備投資計画（減価償却含む）をまとめると、このようになりますが、いかがですか？（**図表5-17**）
(経営者) こんな感じだと思います。

図表5-17　設備投資計画（減価償却を含む）〈完成版〉

(単位：千円)

項　目		N期 (前期実績)	N+1期 〈今期計画〉	対前年比 増減
1	設備投資額	2,500	2,000	△500
	有形固定資産	2,500	2,000	△500
	無形固定資産	0	0	0
	投資等	0	0	0
2	減価償却額	12,000	12,500	500
	有形固定資産	12,000	12,000	0
	無形固定資産	0	500	500
	投資等	0	0	0

　業績が低迷する会社の設備投資額は、営業CFの範囲内で行うことが原則です。減価償却予定額が決算に与えるインパクトが大きい企業については、「固定資産税台帳」などの「翌年度償却予定額」などのエビデンス（確認書類）により適宜確認しましょう。

◆経営者からのヒアリング内容（3-③）～予想貸借対照表（B/S）を策定する～

(担当者) 現預金の必要最低額（期末時点）は、いくらですか？
(経営者) 20,000千円です。
(担当者) 銀行借入金（元金返済据置中）の返済額は、フリーキャッシュフロー見込額（15,040千円）の80％程度でいかがですか？
(経営者) その内容で結構です。
(担当者) 予想貸借対照表（B/S）にまとめると、このようになります（図

第5章　数値目標の立て方・計画の作り方

表5-18）。銀行借入金返済後も現預金は必要最低額を確保できます。加えて、債務超過も解消できます。

（経営者） イメージどおりです。今期は、黒字転換して債務超過を解消するとともに借入金をできるだけ返済したいと考えています。

図表5-18　予想貸借対照表（B/S）〈完成版〉

B/S［貸借対照表］計画　　　　　　　　　　　計画の策定ロジック

（単位：千円）

科目名	N期（前期実績）		対月商比率	N+1期〈今期計画〉		対月商比率	対前年比増減額	対月商比率	計画数値の根拠	
									内容	具体的数値
1 流動資産	200,000		4.0	209,318		4.0	9,318	△0.0	a 自動計算	―
現金及び預金	20,000		0.4	23,068		0.4	3,068	0.0	c 月商比率の対前年比増減	0.0
売上債権	75,000		1.5	78,750		1.5	3,750	0.0		0.0
棚卸資産	50,000		1.0	52,500		1.0	2,500	0.0		0.0
その他	55,000		1.1	55,000		1.0	0	△0.1	b 対前年比増減額	0
2 固定資産	135,000		2.7	124,500		2.4	△10,500	△0.3	自動計算	―
有形固定資産	120,000		2.4	110,000		2.1	△10,000	△0.3	d 設備投資&減価償却の計画	別途計算式
無形固定資産	5,000		0.1	4,500		0.1	△500	△0.0		
投資その他資産	10,000		0.2	10,000		0.2	0	△0.0		
3 繰延資産	0		0.0	0		0.0	0	0.0	b 対前年比増減額	0
資産　合計	335,000		6.7	333,818		6.4	△1,182	△0.3	a 自動計算	―
1 流動負債	150,000		3.0	152,000		2.9	2,000	△0.1	a 自動計算	
買入債務	40,000		0.8	42,000		0.8	2,000	0.0	c 月商比率の対前年比増減	0.0
短期借入	50,000		1.0	50,000		1.0	0	△0.0	b 対前年比増減額	0
その他	60,000		1.2	60,000		1.1	0	△0.1		0
2 固定負債	187,000		3.7	174,728		3.3	△12,272	△0.4	a 自動計算	
長期借入	160,000		3.2	147,728		2.8	△12,272	△0.4	b 対前年比増減額	△12,272
その他	27,000		0.5	27,000		0.5	0	△0.0		0
3 資本合計	△2,000		△0.0	7,090		0.1	9,090	0.2	a 自動計算	―
資本金	10,000		0.2	10,000		0.2	0	△0.0	b 対前年比増減額	0
剰余金・その他	△12,000		△0.2	△2,910		△0.1	9,090	0.2		9,090
負債・資本　合計	335,000		6.7	333,818		6.4	△1,182	△0.3	a 自動計算	―

　予想貸借対照表（B/S）（図表5-18）は、科目ごとに「計画数値の根拠」をヒアリングして作成しますが、項目が多岐にわたるため苦手意識のある人もいると思います。

　しかしながら、実際に整理してみるとそれほど難しくはありません。

　予想貸借対照表（B/S）の右端の「計算数値の根拠」欄に記載しているとおり、ヒアリングする内容はたった3つの質問パターン（b、c、d）

(図表5-19) しかないのです。

図表5-19　3つの質問パターン

NO	科目	記号	ヒアリング項目	詳細
1	流動資産 固定資産 総資産など	a	自動計算	ヒアリング不要
2	その他流動資産 その他流動負債 借入金など	b	対前年比増減額	前年比の「増減（円）」と その根拠
3	売上債権 買入債務 棚卸資産など	c	月商比率対前年比増減	月商比率の前年比「増減（%）」と その根拠
4	固定資産など	d	設備投資＆減価償却の計画	設備投資・除却予定額 減価償却予定額 ［注］別途計算式あり

　このように理解をして経営者から必要な情報を効率的に入手できれば、予想貸借対照表（B/S）の作成は簡単にできます。

　なお、(b) 対前年比増減額、(c) 月商比率対前年比増減、(d) 設備投資＆減価償却の計算を活用した勘定科目の具体的算出方法の一例を以下に記載しておきます。

□予想貸借対照表（B/S）の勘定科目数値の算出方法（単位：千円）

［例1］その他流動資産（55,000）… (b) 対前年比増減額＝前期末その他流動資産簿価 55,000 ＋ 対前年比増減額 0
［例2］売上債権（78,750）… (c) 月商比率対前年比増減＝今期計画月商 52,500 ×（前期月商比率 1.5 ヵ月 ＋ 前期比増減 0.0 ヵ月）
［例3］有形固定資産（110,000）… (d) 設備投資・除却予定額＆減価償却予定額＝前期末有形固定資産簿価 120,000 － 減価償却額 12,000 ＋ 設備投資額 2,000 － 設備売却・除却額 0

（4）キャッシュフロー計算書（CF）の作成

ここからは、予想キャッシュフロー計算書（CF）および債務償還年数に関して経営者に対して説明していきます。

キャッシュフロー計算書（CF）の作成

損益計算書（P/L）の作成	貸借対照表（B/S）／キャッシュフロー計算書（CF）の作成

【step①】売上高計画（管理部門別）	【step②】コスト計画（原価・販管費）	【step③】支払・回収計画（サイト）	【step④】設備投資計画（投資・除却）	【step⑤】資金計画（借入返済）

◆経営者からのヒアリング内容（4）〜予想キャッシュフロー計算書（CF）／債務償還年数を説明する〜

（担当者）今般作成した、予想損益計算書（P/L）と予想貸借対照表（B/S）に基づき『予想キャッシュフロー計算書（CF）』と『債務償還年数算定シート』を作成すると、このようになります（**図表5-20、5-21**）。

　　　　　営業キャッシュフローは17,340千円のプラス。設備投資額2,000千円は営業CFの範囲内。フリーキャッシュフロー（FCF）の80％である12,272千円を借入返済しても現預金は23,068千円となり業務運営上必要な最低額の現預金（20,000千円）を確保できます。

（経営者）それはよかった。

（担当者）加えて、今期の債務償還年数は4.0年まで短縮します。これは、有利子負債の残高に見合ったCF水準を確保しているといえます。

（経営者）ありがとうございます。

予想キャッシュフロー計算書（CF計算書）は、「予想損益計算書（P/L）」と「予想貸借対照表（B/S）」の計画ができれば、ルールに基づき

図表5-20　キャッシュフロー計算書（CF）〈完成版〉

キャッシュフロー計算書（CF）[計画]　　　　計画の策定ロジック

（単位　千円）

	項　目	N期 （前期実績）	N＋1期 〈今期計画〉	対前年比 増減	ヒアリングした内容
①	前期繰越現預金	29,500	20,000	△9,500	
	当期純利益（△は損失）	△15,500	9,090	24,590	
	減価償却費	12,000	12,500	500	
	増加運転	△3,500	△4,250	△750	
	その他	0	0	0	ヒアリングは不要
②	営業CF	△7,000	17,340	24,340	（P/L・B/S計画
	設備投資	△2,500	△2,000	500	策定により自動
	投資・その他資産	0	0	0	作成）
③	投資CF	△2,500	△2,000	500	
	フリーCF [②+③]	△9,500	15,340	24,840	
	借入金増減	0	△12,272	△12,272	
	増資	0	0	0	
④	財務CF	0	△12,272	△12,272	
⑤	翌期繰越現預金 [①+②+③+④]	20,000	23,068	3,068	

図表5-21　債務償還年数算定シート〈完成版〉

債務償還年数[計画]　　　　計画の策定ロジック

（単位　千円）

	項　目	N期 （前期実績）	N＋1期 〈今期計画〉	対前年比 増減	ヒアリングした内容
	短期借入金	50,000	50,000	0	
	長期借入金	160,000	147,728	△12,272	
①	有利子負債	210,000	197,728	△12,272	
②	現預金	20,000	23,068	3,068	
③	純有利子負債 [①−②]	190,000	174,660	△15,340	
	売上債権（＋）	75,000	78,750	3,750	
	棚卸資産（＋）	50,000	52,500	2,500	ヒアリングは不要
	買入債務（△）	40,000	42,000	2,000	（P/L・B/S計画
④	経常運転資金	85,000	89,250	4,250	策定により自動
⑤	要償還債務 [③−④]	105,000	85,410	△19,590	作成）
	当期純利益	△15,500	9,090	24,590	
	減価償却費	12,000	12,500	500	
⑥	簡易CF	△3,500	21,590	25,090	
⑦	債務償還年数 [⑤÷⑥]	NA年	4.0年	NA年	

算定するだけです。

債務償還年数とは、現状のキャッシュフロー（簡易CF）により有利子負債（主に設備資金）が何年間で完済できるかという指標です。

借入金の平均残存期間（期日までの期間）が5年である企業の債務償還年数が10年となった場合には、有利子負債の返済ピッチに対してCF水準が低いことになり、資金繰りに支障がでます。

事例の会社は、リスケ（元金返済据置）をしているものの、今期の事業計画による簡易CF（設備投資は控除していない）は21,590千円で、債務償還年数は4年となりますので健全な水準です。

(5) 資金計画の作成

ここでは、第4章で解説した「資金繰り」のような細かい内容ではなく、予想損益計算書（P/L）や予想貸借対照表（B/S）から導き出された、予想キャッシュフロー計算書（CF）から大まかな数値を捉えて、各金融機関別の返済プランの策定を行います。

資金計画の作成

損益計算書（P/L）の作成			貸借対照表（B/S）／キャッシュフロー計算書（CF）の作成	
【step①】売上高計画（管理部門別）	【step②】コスト計画（原価・販管費）	【step③】支払・回収計画（サイト）	【step④】設備投資計画（投資・除却）	【step⑤】資金計画（借入返済）

◆経営者からのヒアリング内容（5）〜資金計画（銀行別返済計画）を策定する〜

（担当者）現在、金融機関の借入金はリスケジュール中ですが、今期より返済を開始する必要があります。年間の返済額はフリーキャッシュフロー（FCF）15,340千円の80％である12,272千円でよろしいでしょうか？

（経営者）大丈夫です。

（担当者）金融機関別の返済額は、残高プロラタ（融資残高に応じた比

例配分)にて配分すると、このようになります(**図表 5-22**)。

図表 5-22　借入金返済計画

借入返済計画							計画の策定ロジック	
								(単位:千円)
金融機関名		N期 (前期実績)		N+1期 (今期計画)		対前年比 増減	計画数値の根拠	
			シェア		シェア		シェア	内容	具体的 数値
	メイン金融機関 (あなたの勤務先)	100,000	47.6%	94,156	47.6%	△5,844	0.0%	f 金融機 関別 返済配分 のルール	残高プロ ラタ返済
	サブ金融機関	50,000	23.8%	47,078	23.8%	△2,922	0.0%		
	その他	60,000	28.6%	56,494	28.6%	△3,506	0.0%		
1	銀行借入金残高　合計	210,000	100.0%	197,728	100.0%	△12,272	0.0%		
2	約定返済額(年間)	0	ー	12,272	ー	12,272	ー		

①返済額

今回は、フリーキャッシュフロー(FCF)[注]の予定額 15,340 千円の 80%である 12,272 千円を 1 年間で返済する計画です。

借入金返済後の期末現預金は 23,068 千円[前期比+3,068 千円]となり、ヒアリングした業務運営上必要な最低額(20,000 千円)を確保できています。

借入金の返済額の算出は、本事例のように FCF 予定額の一部とすることが多いようですが、企業の資金繰りの実情に応じて柔軟に対応する必要があります。

また、財務リストラによる不動産売却等を行う場合は、原則として売却代金全額(売却費用は控除)が返済原資となります。仮に、売却資産が担保提供をしていなくても、売却代金を借入金返済以外で利用する場合には、取引金融機関の合意を得る必要があります。

[注]「フリーキャッシュフロー(FCF)」=「営業キャッシュフロー」-「設備投資」

②返済方法

返済方法は、「約定返済方式」と「内入方式」の 2 通りありますが、本計画での返済方法は、内入方式が望ましいといえます。事例の企業は、前期末時点で手許現預金残高の水準が低いことに加え、現状 CF が

第5章 数値目標の立て方・計画の作り方

マイナス（大幅赤字）のため資金繰り上の懸念が生じていることから、収益の改善実績が確認できるまではキャッシュアウトを抑制すべきだからです。

このように、資金繰りに余裕がない企業の場合には、資金が一定水準溜まった段階で内入れをする返済ルールをとるなど、臨機応変に対応していくことが必要です。

③各金融機関別の返済配分

経営改善を行う企業への金融支援は、原則として全行（庫）による合意が条件になります。各金融機関別の返済計画は、例外を除き、本件事例のようにプロラタ返済（与信残高に応じた比例配分で各金融機関の返済額を決める方法）により決定します。

プロラタ返済は、各金融機関別の与信残高の比率に応じた「残高プロラタ返済」のほか、担保控除後の信用与信残高に応じた「信用プロラタ返済」などがあります。

なお、中小企業再生支援協議会が関与する支援案件の場合には、残高プロラタが原則となります。

（6）研究事例の総括

本事例を通して、具体的な数値計画の策定方法についてひととおりイメージできたでしょうか。これをきっかけにして、今後、実務で事業計画書の策定に携わることはもとより、研修や通信教育などによる自己研鑽に励んで、さらにレベルアップを図るように努力してください。

企業（債務者）と金融機関（債権者）とは、二人三脚で経営改善を進めていく必要があり、一方的に金融支援を要請するか、されるかの関係ではありません。

経営改善に取り組む企業（債務者）と金融機関（債権者）はお互いの状況を適正に理解した上で、双方にとって無理のない返済計画を策定する必要があります。

最後に、立場の弱い債務者（企業）が多くの債権者（金融機関）からの金融支援の合意を得るには、要請事項を明確にした文章を提出する必要があります。

　以下に金融機関に金融支援を要請する際の要請書の例（**図表 5-23**）を記載しますので、完成した事業計画書（財務 3 表）（**図表 5-24**）と合わせて参考にしてください。

図表 5-23　金融機関への金融支援要請書（例）

取引金融機関　各位

N-1 年□月
株式会社 ABC パーツ
代表取締役　杉山功貴

金融機関関係者様への支援要請

1．金融機関関係者様への支援要請内容

　事業計画の前提となる金融支援について、現在の取引状況、取引経緯を勘案して、各金融機関様に下記の支援事項をご要請申し上げます。

（1）既存借入金の返済条件緩和

　各金融機関の既存借入金は、N 年〇月まで返済据置きとし、N＋1 年〇月より返済を開始させていただきます。返済原資は、予定フリーキャッシュフロー（FCF）の 80％の範囲内で返済を行います。

　なお、事業計画の実行状況により返済計画に齟齬が生じた場合は、返済計画の見直しを行います。

（2）各金融機関関係者様への支援要請内容

①メイン金融機関様

➢ 元金返済の据置

　現状の弊社資金繰りをご勘案いただき、N 年〇月末までの返済猶予をお願いいたします（以降、1 年サイクルでの期限延長を要請させていただく予定です）。

　また、信用保証協会様の保証をいただいている貸出債権についても同様の返済据置をお願いいたします。

　今後、運転資金や設備資金ニーズが発生した場合には、新規融資のご検討をお願いいたします。

－以下省略－

第5章 数値目標の立て方・計画の作り方

図表5-24 事業計画書(財務3表)〈完成版〉

P/L [損益計画書] 計画	計画の策定ロジック

(単位:千円)

科目名	N期(前期実績)		N+1期〈今期計画〉		対前年比増減額		ヒアリングした内容	計画数値の根拠	
		売上高比率		売上高比率		売上高比率		内容	具体的数値
1 売上高	600,000	100.0%	630,000	100.0%	30,000	0.0%		a 自動計算	―
(月商)	(50,000)		(52,500)		(2,500)				
1 A社[ゲーム機器製造]	300,000	50.0%	360,000	57.1%	60,000	7.1%	・A社主力ゲーム機の新機種が販売、20.0%増	b 対前年比増減額	60,000
2 B社[パチンコ部品製造]	200,000	33.3%	170,000	27.0%	△30,000	△6.3%	・パチンコ店の設備投資抑制、△15.0%減		△30,000
3 C社[産業機械製造]	100,000	16.7%	100,000	15.9%	0	△0.8%	・毎期安定して受注を確保、±0.0%横這い		0
2 原価	420,000	70.0%	424,350	67.4%	4,350	△2.6%		a 自動計算	―
期首商品棚卸高	50,000	8.3%	50,000	7.9%	0	△0.4%			
1 材料費[変動費]	80,000	13.3%	84,000	13.3%	4,000	0.0%	・不変(比率)	c 売上高比率の対前年比徹底	0.0%
2 労務費[変動費]	150,000	25.0%	150,000	23.8%	0	△1.2%	・生産効率を高め対前年比△1.2P低減		△1.2%
3 外注費[変動費]	70,000	11.7%	70,350	11.2%	350	△0.5%	・外注先の見直しで前年比△0.5P低減		△0.5%
4 経費[固定費]	120,000	20.0%	120,000	19.0%	0	△1.0%	・不変(金額)	b 対前年比増減額	0
期末商品棚卸高	50,000	8.3%	50,000	7.9%	0	△0.4%			
3 売上総利益	180,000	30.0%	205,650	32.6%	25,650	2.6%		a 自動計算	―
4 販売管理費	190,000	31.7%	188,500	29.9%	△1,500	△1.7%			
1 人件費[固定費]	50,000	8.3%	48,000	7.6%	△2,000	△0.7%	・パート社員を2名削減、△2,000	b 対前年比増減額	△2,000
2 地代[固定費]	50,000	8.3%	50,000	7.9%	0	△0.4%	・不変(金額)		0
3 減価償却費 ①	12,000	2.0%	12,500	2.0%	500	0.0%	・微増(固定資産台帳の償却予定額より)		500
4 その他[固定費]	78,000	13.0%	78,000	12.4%	0	△0.6%	・不変(金額)		0
5 営業利益	△10,000	△1.7%	17,150	2.7%	27,150	4.4%		a 自動計算	―
営業外収益	1,000	0.2%	1,000	0.2%	0	0.0%	・不変	b 対前年比増減額	0
営業外費用	3,000	0.5%	3,000	0.5%	0	0.0%			0
6 経常利益	△12,000	△2.0%	❶ 15,150	2.4%	27,150	4.4%	ポイント①:黒字に転換	a 自動計算	―
特別利益	0	0.0%	0	0.0%	0	0.0%	・特になし	b 対前年比増減額	0
特別損失	3,000	0.5%	0	0.0%	△3,000	△0.5%			△3,000
7 税引前当期純利益	△15,000	△2.5%	15,150	2.4%	30,150	4.9%		a 自動計算	―
法人税等	500	0.1%	6,060	1.0%	5,560	0.9%	・概算税率40%	a 自動計算	―
8 当期純利益 ②	△15,500	△2.6%	9,090	1.4%	24,590	4.0%			
9 フリーキャッシュフロー[FCF]	△9,500	△1.6%	15,340	2.4%	24,840	4.0%		a 自動計算	―
借入金返済原資[FCF×80%]	0	0.0%	12,272	1.9%	12,272	1.9%			

B/S [貸借対照表] 計画　　　　　計画の策定ロジック

(単位:千円)

科目名	N期(前期実績)	対月商比率	N+1期〈今期計画〉	対月商比率	対前年比増減額	売上高比率	ヒアリングした内容	計画数値の根拠 内容	具体的数値
1 流動資産	200,000	4.0	209,318	4.0	9,318	△0.0		a 自動計算	−
現金及び預金	20,000	0.4	23,068	0.4	3,068	0.0	・業務運営上の必要資金額20,000		
売上債権	75,000	1.5	78,750	1.5	3,750	0.0	・回収条件は不変（比率）	c 月商比率の対前年比増減	0.0
棚卸資産	50,000	1.0	52,500	1.0	2,500	0.0	・残高水準は不変（比率）		0.0
その他	55,000	1.1	55,000	1.0	0	△0.1	・不変（金額）	b 対前年比増減額	0
2 固定資産	135,000	2.7	124,500	2.4	△10,500	△0.3		a 自動計算	−
有形固定資産	120,000	2.4	110,000	2.1	△10,000	△0.3	・設備投資予定額 2,000（前期比△500）	d 設備投資&減価償却の計画	別途計算式
無形固定資産	5,000	0.1	4,500	0.1	△500	△0.0	・今期末簿価＝前期末簿価＋設備投資額		
投資その他資産	10,000	0.2	10,000	0.2	0	△0.0	－減価償却額－設備除却額		
3 繰延資産	0	0.0	0	0.0	0	0.0	・不変（金額）	b 対前年比増減額	0
資産 合計	335,000	6.7	333,818	6.4	△1,182	△0.3		a 自動計算	−
1 流動負債	150,000	3.0	152,000	2.9	2,000	△0.1		a 自動計算	−
買入債務	40,000	0.8	42,000	0.8	2,000	0.0	・支払条件は不変（比率）	c 月商比率の対前年比増減	0.0
短期借入	50,000	1.0	50,000	1.0	0	△0.0	・不変（長期借入にて増減を調整）	b 対前年比増減額	0
その他	60,000	1.2	60,000	1.1	0	△0.0	・不変（金額）		0
2 固定負債	187,000	3.7	174,728	3.3	△12,272	△0.4		a 自動計算	−
長期借入	160,000	3.2	147,728	2.8	△12,272	△0.4	・FCF×80%［12,032］を返済・調達なし	b 対前年比増減額	△12,272
その他	27,000	0.5	27,000	0.5	0	△0.0	・不変（金額）		0
3 資本合計	△2,000	△0.0	❷ 7,090	0.1	9,090	0.2	ポイント②：債務超過を解消	a 自動計算	−
資本金	10,000	0.2	10,000	0.2	0	△0.0	・増減額なし	b 対前年比増減額	0
剰余金・その他	△12,000	△0.2	△2,910	△0.1	9,090	0.2	・内部留保額8,790（PL計画により自動作成）		9,090
負債・資本 合計	335,000	6.7	333,818	6.4	△1,182	△0.3		a 自動計算	−

〈設備投資（減価償却を含む）計画の詳細〉

(単位:千円)

項目	N期(前期実績)	N+1期〈今期計画〉	対前年比増減	ヒアリングした内容（詳細版）	計画数値の根拠 内容	具体的数値
1 設備投資額	2,500	2,000	△500	・今期の設備投資＆除却予定額	a 自動計算	−
有形固定資産	2,500	2,000	△500		d 設備投資&除却予定額	2,000
無形固定資産	0	0	0			0
投資等	0	0	0			0
2 減価償却額	12,000	12,500	500	・減価償却予定額（固定資産税台帳の償却予定額を確認）	a 自動計算	−
有形固定資産	12,000	12,000	0		d 償却予定額	12,000
無形固定資産	0	500	500			500
投資等	0	0	0			

第5章 数値目標の立て方・計画の作り方

CF・債務償還年数 [計画] / 計画の策定ロジック

(単位：千円)

[キャッシュフロー計算書]		N期(前期実績)	N+1期〈今期計画〉	対前年比増減	ヒアリングした内容	計画数値の根拠（内容）	計画数値の根拠（具体的数値）
①	前期繰越現預金	29,500	20,000	△9,500			
	当期純利益（△は損失）	△15,500	9,090	24,590			
	減価償却費	12,000	12,500	500			
	増加運転	△3,500	△4,250	△750			
	その他	0	0	0			
②	営業CF	△7,000	17,340	24,340			
	設備投資	△2,500	△2,000	500	・ヒアリングは不要(P/L・B/S計画策定により自動作成)	a 自動計算	ー
	投資・その他資産	0	0	0			
③	投資CF	△2,500	△2,000	500			
	フリーCF [②+③]	△9,500	15,340	24,840			
	借入金増減	0	△12,272	△12,272			
	増資	0	0	0			
④	財務CF	0	△12,272	△12,272			
⑤	翌期繰越現預金 [①+②+③+④]	20,000	23,068	3,068			

(単位：千円)

[債務償還年数算定シート]		N期(前期実績)	N+1期〈今期計画〉	対前年比増減	ヒアリングした内容	計画数値の根拠（内容）	計画数値の根拠（具体的数値）
	短期借入金	50,000	50,000	0			
	長期借入金	160,000	147,728	△12,272			
①	有利子負債	210,000	197,728	△12,272			
②	現預金	20,000	23,068	3,068			
	純有利子負債 [①-②]	190,000	174,660	△15,340			
	売上債権（＋）	75,000	78,750	3,750			
	棚卸資産（＋）	50,000	52,500	2,500	・ヒアリングは不要(P/L・B/S計画策定により自動作成)	a 自動計算	ー
	買入債務（△）	40,000	42,000	2,000			
④	経常運転資金	85,000	89,250	4,250			
⑤	要償還債務 [③-④]	105,000	85,410	△19,590			
	当期純利益	△15,500	9,090	24,590			
	減価償却費	12,000	12,500	500			
⑥	簡易CF	△3,500	21,590	25,090			
⑦	債務償還年数 [⑤÷⑥]	NA年	❸ 4.0年	NA年	ポイント③：債務超過を解消		

借入返済計画 / 計画の策定ロジック

(単位：千円)

	金融機関名	N期(前期実績)	シェア	N+1期〈今期計画〉	シェア	対前年比 増減	シェア	ヒアリングした内容	計画数値の根拠 内容	具体的数値
	メイン金融機関(あなたの勤務先)	100,000	47.6%	94,156	47.6%	△5,844	0.0%	・FCFの80%[12,272]をプロラタ返済(融資残高に応じて比例配分)	f 金融機関別返済配分のルール	別途計算式
	サブ金融機関	50,000	23.8%	47,078	23.8%	△2,922	0.0%			
	その他	60,000	28.6%	56,494	28.6%	△3,506	0.0%			
1	銀行借入金残高 合計	210,000	100.0%	197,728	100.0%	△12,272	0.0%			
2	約定返済額（年間）	0	－	12,272	－	12,272	－			

損益分岐点売上高 / 計画の策定ロジック

(単位：千円)

	項目	N期(前期実績)	N+1期〈今期計画〉	対前年比 増減額	ヒアリングした内容	計画数値の根拠 内容	具体的数値
①	固定費	310,000	308,500	△1,500	・ヒアリングは不要(P/L・B/S計画策定により自動作成)	a 自動計算	－
②	変動費	300,000	304,350	4,350			
③	変動費率	50.0%	48.3%	△1.7%			
④	損益分岐点売上高【①÷(1－③)】	620,000	596,822	△23,178			
⑤	損益分岐点比率【④÷売上高】	103.3%	94.7%	△8.6%			

⑤ 経営者の良き相談相手になっていますか？

皆さんは、経営者から相談を受けることはありますか。経営者、特に中小企業の経営者は孤独です。資金繰りの悩み・不安について従業員に弱みは見せられない上、重要な経営判断も、最終的には全責任を負わなければならないからです。

金融機関がそのような経営者の良き相談相手となることができれば、一歩進んだ営業を行うことができるだけでなく、与信管理上も早期に適切な準備が可能となります。そのために、担当者自身が経営者の信頼に足る存在となる必要があります。

一般的に、経営者は金融機関に問題（悪い情報）を話すと、融資を引き揚げられるのではないかと思っています。この疑心を取り払えなければ、本当によい相談相手になることはできません。そのためには、金融機関にとって悪い情報であっても、担当者に伝えれば、何らかの解決策を提示してくれると思われる関係を築いておくことが求められます。

経営者が信頼する金融機関の担当者の特徴としては、①自社のこと（業績、資金繰り等）をよく理解してくれている、②対応が早い、③自社に役立つ情報をもってきてくれる、ということが挙げられます。

ここで留意してほしいのは、これは、あくまで担当者に対しての評価であって、金融機関の評価ではないということです。すなわち、融資シェアが低くても評価の高い担当者がいる一方、メインバンクであっても評価の低いこともあるのです。

ですから、メインバンクであっても油断してはいけませんが、取引順位が下位の金融機関であっても、取引シェアをアップするチャンスがあるともいえるのです。

第6章

モニタリングと実行後の支援

　本章では、改善計画の進捗・実行状況を把握するモニタリングの必要性・方法と改善に至らない場合の対策について、想定話法を交えながら具体的に解説していきます。

6-1　モニタリングの必要性と実施方法

　モニタリングとは、改善計画の進捗・実行状況を把握し、計画値と実績値の差異要因を分析し、必要に応じてその対策を行うプロセスです。

　本来、取引先が自ら進捗状況をチェックし改善計画を実施できれば問題ありません。しかし、計画書を策定したことに満足してその後のチェックが疎かになってしまっては、労力を割いて作成した改善計画が、結局は絵に描いた餅になってしまいます。

　現実的には、取引先だけでモニタリングを実施し緊張感を持続させることは難しいと思います。実際、改善計画を策定しても計画自体が努力目標に過ぎず、計画を上回った月はよく頑張ったと自己満足し、下回った月は翌月頑張ろうと原因の究明・対策を実施しないまま、決算を迎える取引先もあります。

　そのような事態を避けるためにも、第三者の関与によるモニタリングが必要となります。その中でも債権者である金融機関の担当者によるモニタリングが一番効果的であり、かつ重要になります。

　また、改善計画の策定に関与した担当者であれば、計画の内容も熟知しているため的確なアドバイスが可能です。経営者にとっても、担当者が同席するモニタリング会議であれば、緊張感を持続して改善計画を実行できるようになります。

(1) モニタリングの具体的な方法

　では、モニタリングは誰が（主体）、いつ（頻度）、どのように（方法）進めていけばよいのでしょうか。

①モニタリングの主体

　改善計画を達成するためには、経営者の強い決意・実行力が必要となることから、その進捗管理であるモニタリングの主体も経営者がなるべ

きです。理想としては、取引先主体で効果的なモニタリングが実施できる体制を構築することです。その上で、金融機関の担当者がモニタリングをフォローできればベストといえるでしょう。

金融庁の「中小・地域金融機関向けの総合的な監督指針」においても、「コンサルティング機能」は、金融機関の適切な助言と取引先の主体的な取組みが求められており、この観点からも経営者が主体となり、担当者がフォローする体制が効果的であるといえます。

②モニタリングの頻度について

モニタリングは定期的に実施することが重要であり、毎月実施するようにします。実績値に基づく客観的な分析が必要となることから、月次試算表の出るタイミングに合わせて行うとよいでしょう。できれば、計画策定時に予定も決めておき、月次単位で係数管理ができるようにしておきます。

金融機関の担当者も毎月同席できれば効果的ですが、時間の制約もあり難しいでしょう。ただし同席できない場合でも、書面での報告は毎月必ず受けるようにします。そのため、取引先主体で効果的なモニタリングができる体制を早期に構築することが重要です。

③モニタリングの方法について

具体的には、次の3点に集約できます。

・アクションプランの実施状況およびその効果の確認
・計画数値（月次）と実績値の差異分析
・問題点・対応策の検討

これら3点は、いわゆるPDCAサイクル（下記）と呼ばれているものであり、モニタリングは、そのPDCAサイクルが実施されていることを確認することが目的になります。

【PDCAサイクル】

○ PLAN　　：具体的な行動計画

○ DO　　　：実行
○ CHECK　：実行状況の確認
○ ACTION：対策の策定

では、事例に基づいてモニタリングの実施方法と留意点を見てみます。

【事例】
【アクションプランの内容】
項目：『新規開拓』
担当：営業部長
内容：A地区への新規開拓の実施により年間60百万円（5百万円／月）の売上増

【売上高】

	月次計画	月次実績	差異
売上	50百万円	45百万円	▲5百万円

以下、モニタリングの想定話法になります。

（担当者）今月の売上は計画を5百万円下回っていますが、どういう原因によるものですか？ アクションプランに掲げた新規開拓の進捗状況はいかがですか？

（営業部長）新規開拓については、A地区をすべて訪問したものの、月2百万円の売上獲得にとどまっています。また、既存取引先からの受注も減少しています。

（担当者）来月のA地区に対する新規開拓による売上は計画どおり月5百万円になりそうですか。また、既存取引先からの受注減はどのような要因によるものですか？

（営業部長）新規開拓を実施したA地区については、これ以上の売上獲得は難しいと考えており、新たにB地区をターゲットに訪問先をピックアップし、今月から訪問を開始しています。また、

第6章 モニタリングと実行後の支援

既存先の受注減の原因ですが、競業先が値引きしたことで他社に受注が流れているようなので、値引きも含め対応を検討中です。

(担当者) B地区での売上はどの程度見込めるのですか？また、既存取引先に対して値引きを検討しているとのことですが、安易な値引きは損益が悪化します。その対策は何か検討されていますか？

(営業部長) B地区での売上見込みは現在集計中です。既存先に対する値引きについては、値引き分をカバーする数量を確保することを条件に取引先を選定しており、損益の悪化は避けられると考えています。

(担当者) では、次回モニタリング時にB地区の新規開拓状況、売上見

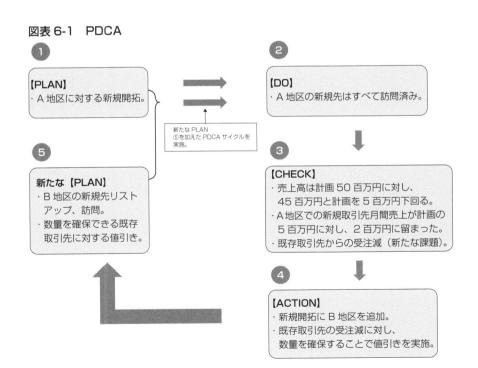

図表6-1　PDCA

込みおよび既存取引先の対応状況について結果をお聞かせください。この事例を基にPDCA（**図表6-1**）にあてはめて、モニタリングを検証してみましょう。

　このように、モニタリングでは、数値根拠に基づいて実績・行動計画を検証し、新たな課題を発見、対策を実施します。その際、特に「DO（実行）」の有無を確認することが最も重要です。計画策定時には、様々な行動計画を盛り込むものの、着手が遅れたり、何ら実行されないまま放置されてしまうことが多いからです。

　また、実行することで新たな課題が発見されることも多くあります。さらに、モニタリングで発見された新たな課題については、必ず期限を決めて対策を実施しましょう。

（2）モニタリングへの参加の意義

　前記のモニタリング（PDCAサイクルの確実な実施）が取引先だけでできるようになれば、あえて金融機関の担当者が同席する必要がないと思う人もいるでしょう。しかし、第三者（特に金融機関の担当者）が同席することは大変有効です。

　筆者も、モニタリングに参加していますが、「第三者が参加すると、会議が引締まり充実した会議ができる」と経営者からは好評です。経営者が、従業員に言いにくい内容を外部の人間（金融機関の担当者・コンサルタントなど）が代弁することで、組織活性化を促進するアプローチを行うこともできます。

　また、金融機関の担当者が同席することは、特に業績が計画を下回った場合に効果を発揮します。この場合、経営者は当然その事態について説明をしなければならないため、原因を詳しく分析した上でその対策も検討しなければなりません。また、社内だけのモニタリングであれば先延ばしにされかねない課題について、確実にピックアップし対策を実施

することは難しいといえます。

　このように、モニタリングに金融機関の担当者が参加することは大変効果的ですので、皆さんも積極的にモニタリングに参加して発言することが望まれます。ただし、担当者が経営に関与することは、経営者に心理的負担がかかることも心に留めておく必要があります。

(3) モニタリング資料

　モニタリングの資料ですが、計画の進捗が確認できるものであれば構いません。しかし、必要事項が漏れていたり、取引先ごとで様々な様式の資料だとかえって非効率になるため、ある程度様式を整えて提出を受けるようにします。

　一例ですが、モニタリング提出資料をあげておきます（**図表6-2**）。

(4) モニタリングに対する反応

　次のコメントは、筆者がモニタリングを実施してきた取引先からのものです。モニタリングを1年、2年と継続していくことは大変ですが、これらの感想のように効果は確実に上がるといえます。

〇毎月業績の説明が必要となり、月次試算表を細かく見るようになった。その結果、異常値に早く気づき、早期に対応ができた。
⇒ある経営者は、「業績の悪い月の月次試算表は経営者も見たくない。そのため、今までは来月取り戻せばいいと考えあまり細かくチェックしなかった。しかし、毎月のモニタリングがあるので常によく見るようになった」と話していた。その経営者も、本当はそのような月こそよく分析する必要があるのは分かっていたが、モニタリングのような強制の機会がないと継続することは難しいと話していた。
〇毎回、モニタリングで新たな課題が発見されるとともに、その場で改善までの期限を約束したことで強制的に業務改善を進めることができ

た。
⇒金融機関から改善項目の進捗状況の説明が求められることが間接的にも効果があった。
○月次試算表の仕上がりが早くなった。
⇒一般論となりますが、月次試算表の提出が早い企業のほうが、業績もよい取引先が多いようです。社内管理体制や、人員等の問題もあると思いますが、月次試算表の提出が早い先は、業績やコストの変化に対し、対策が先手となっているからだと考えられる。

図表 6-2　モニタリング提出資料

資料名	内容	ポイント
①カバーレター	報告月の実績を簡単に要約した書面	・毎月同じ項目を記載すると時系列で分かりやすい資料となります。 ・金融機関として毎月把握しておきたい項目を対象先企業へ伝えることが重要です。
②月次の予算（計画）・実績比較表	月次の予算(計画)に対する実績値	・計画、実績、差異を毎月管理する。 ・差異要因の分析と対策を確認する。
③試算表	月次損益の実績	・遅くとも翌月下旬までに完成するように体制を見直す。
④資金繰り表	資金繰りの計画／実績	・資金不足が発生する可能性を事前に把握すること。 ・試算表と資金繰りを確認し、不自然な資金の流れがないことを確認する。
⑤銀行取引状況表	借入金の残高推移（シェアも記載）	・各月ごとの借入金残高を確認し、他の金融機関の動向を管理すること。
⑥アクションプラン	誰が、いつ、何をするのかを明記した管理表	・進捗状況欄を設け、実施状況、結果を定期的に更新する。 ・特に未実施の項目がないようにする。
⑦その他	取引先の業種に応じ、売上、コスト、資金繰り等を継続的に管理できる資料（下記参照）があれば、適宜追加することが望ましい。 【例】 ・受注・予約状況 ・売掛金・手形等の回収状況 ・新規開拓の状況等	

6-2 再生が難しい企業の抜本的対策

再生計画を策定、実行しても、残念ながら自助努力だけでは収益改善が難しい取引先も存在します。そのような取引先に対しては、抜本的な業態転換により再建の方法を探るとともに、金融機関としても、DDS（デット・デット・スワップ）、DES（デット・エクイティ・スワップ）、債権放棄等を含めた抜本的な対策も検討しましょう（**図表6-3**）。

しかし、DDS、DES、債権放棄等については、他の金融機関との調整も必要となります。その場合には、次項で述べる公的機関の活用も有効となります。

図表6-3　再生が難しい企業の抜本的対策

	概　要	効果・問題点等
DDS	既存の借入金を長期且つ、返済順位が劣後する借入に交換。	・劣後借入金は通常期間10〜15年の一括返済になるため、資金繰りが安定。 ・要件はあるものの、劣後借入金を自己資本に算入できることから、財務体質強化および新規の借入が可能となる。 ・借入金利は通常の融資より高めに設定。 ・金融機関にとっては引当金のコスト発生。
DES	債務を株式に交換	・債務がなくなるとともに自己資本が厚くなり財務体質が強化される。 ・金融機関にとっては取引先の株式を保有することの承認が必要。
債権放棄	借入債務免除	・債務が免除されることで、財務体質強化が図れる。 ・損失を負担することに対する金融機関のハードルが高い。 ・債務免除により発生する利益に対する税金負担。

6−3　中小企業再生支援協議会等の活用

　事業再生の支援には、公的機関を有効に活用することが重要です。中小企業の事業再生を支援する公的機関として「中小企業再生支援協議会（以下、「協議会」という）」があります。窮境にある中小企業の借入金リスケジュール等を経験された人は、一緒に仕事をしたことがあるかもしれません。

　協議会は、事業再生に関する知識と経験とを有する専門家（金融機関出身者、公認会計士、税理士、弁護士、中小企業診断士など）が常駐し、窮境にある中小企業者からの相談を受付け、解決に向けた助言や支援施策・支援機関の紹介や、場合によっては弁護士の紹介などを行い（第一次対応）、事業性など一定の要件を満たす場合には再生計画の策定支援（第二次対応）を実施しています。

　筆者も全国の協議会の要請を受けて専門家の立場で、再生計画書の策定支援から再生計画達成に向けた実行支援まで幅広い業務に携わっていますが、協議会の重要性を痛感しています。それは、企業再生において不可欠となる金融支援（新規融資・借入金の返済猶予・金利減免・DDSなど）の交渉において、立場の違う多くの債権者（金融機関）との調整役を協議会が担うからです。

　金融円滑化法（平成21年施行）以降に、窮境にあった多くの中小企業が取引金融機関より金融支援を受けたのには、協議会によるサポートが大きな役割を果たしていると考えられます。金融機関の本部には協議会の窓口となる部門や担当者がいますので、取引先企業の状況に応じて活用を検討しましょう。

第6章 モニタリングと実行後の支援

6-4　廃業支援のポイント

　経営改善に真摯に取り組んだ場合でも、残念ながら改善に至らない取引先は出てきます。会計上の赤字はもとより、キャッシュフローの赤字から脱却できない企業は、企業としての存続価値がないため、廃業を検討する必要があります。

　また、経営者が会社の資金繰りのために、個人的な借入れを含め、私財をすべて投入してしまった後、廃業してしまうことになれば、その後の生活にまで支障を来すだけではなく、突然解雇される従業員の生活にまで支障が生じます。

　経営者にとって、自ら興した会社を廃業することは大変な苦渋の選択になりますが、改善の見通しが立たないまま事業を継続した場合、最終的には私生活まで破綻しかねません。

　金融機関としても、事業の持続可能性が見込まれない取引先から貸付条件の変更等の申込みがあった場合は、廃業も含めた検討が必要です。十分な検討の結果、廃業がベストであれば、取引先の納得を得るため充分な説明を行った上で、債務整理等を含めたソリューションを提供しましょう。金融円滑化法による支援先の中には、改善が進まなかった取引先もあり、今後、支援の打ち切り・廃業支援の対象となる取引先が出てくることも予想されます。

　金融庁が公表している「中小・地域金融機関向けの総合的な監督方針」においても、事業の継続可能性が見込まれない顧客企業に対しては、機械的に融資条件の変更等に応ずるのではなく、経営者の意思、生活再建を十分検討した上で自主廃業も含めた対応が求められています。

　廃業支援についても、今後、金融機関に必要とされる機能となっていくでしょう。

コラム❻ 金利の対価について

「**借**入金利の0.1％程度は問題ではない」
ある経営者が融資金利交渉の際に話していたことです。この経営者が言いたかったことは、概ね次のようなことです。

・普段から、顧客紹介、情報提供等で収益に寄与してくれるのなら、0.1％刻みの金利交渉をする必要もないし、その程度は寄与してくれた収益でお釣りがくる。
・しかし、単に借入れしかしないのであれば、金利しか交渉するものはないので、少しでも金利を下げるべく交渉せざるを得ない。

　このように考えている経営者は多いようです。金融機関と取引すれば金利以上のメリットがあると理解してもらえれば、単なる金利競争ではなく、金融機関、取引先双方にメリットがある有意義な営業活動ができるのではないでしょうか。

【参考文献】

澁谷耕一「経営者の信頼を勝ち得るために」【第2版】金融財政事情研究会
　（2010）

吉田浩二「金融機関との取引を円滑に進める方法」　金融財政事情研究会
　（2013）

吉田重雄「事例に学ぶ　貸出先実態把握の勘所」　金融財政事情研究会（2008）

鍵谷英二「業績に直結する経営改善の進め方」　中央経済社（2011）

藤原敬三「改訂版　実践的中小企業再生論」　金融財政事情研究会（2013）

【参考ホームページ】

金融庁　　　　　　　　　　　　　　　http://www.fsa.go.jp/
独立行政法人中小企業基盤整備機構
　（中小企業再生支援協議会全国本部）
　http://www.smrj.go.jp/keiei/saiseishien/index.html
一般社団法人全国信用保証協会連合会　http://www.zenshinhoren.or.jp/
一般社団法人全国銀行協会　　　　　　http://www.zenginkyo.or.jp/
一般社団法人全国信用金庫協会　　　　http://www.shinkin.org/
一般社団法人全国信用組合中央協会　　http://www.shinyokumiai.or.jp/
株式会社東京商工リサーチ　　　　　　http://www.tsr-net.co.jp/
国立社会保障・人口問題研究所　　　　http://www.ipss.go.jp/

●著者紹介●

杉山 尚史（すぎやま なおふみ）
取締役
1993年第一勧業銀行（現みずほ銀行）入行。関東・関西圏や都内大規模の法人融資渉外業務に従事。2006年より現職。大手企業の社内プロジェクトに参画するとともに、中小企業向けの財務・銀行取引・再生事業に関するコンサルティング業務を担当。金融機関職員向けの研修や講演活動など多岐にわたる業務を行っている。

吉田 浩二（よしだ こうじ）
シニアマネージャー　中小企業診断士
1997年広島銀行入行。東京支店・本店営業部にて法人融資渉外業務に従事。2010年より現職。中小企業向けの財務・銀行取引・事業再生に関するコンサルティング業務を担当。金融機関、中小企業再生支援協議会等を通じた専門家派遣業務に従事。
著書：金融機関との取引を円滑に進める方法（金融財政事情研究会 2013年）

坪内 俊樹（つぼうち としき）
シニアマネージャー
1994年日本興業銀行（現みずほ銀行）入行。上場企業から中堅中小企業まで、幅広い規模・業種の法人融資業務に従事。2010年より現職。製造業を中心とした中小企業向けの銀行取引・事業再生に関するコンサルティング業務を担当するとともに、関東・東海地区を中心に中小企業再生支援協議会の案件にも数多く取組む。

事業性評価に基づく
取引先の見方・支援の進め方

平成 27 年 3 月 13 日　初版発行
平成 28 年 11 月 25 日　第 3 刷発行

著　者─────リッキービジネスソリューション株式会社
発行者─────福地　健
発　行─────株式会社近代セールス社
　　　　　　〒164-8640　東京都中野区中央 1-13-9
　　　　　　電　話　03-3366-5701
　　　　　　ＦＡＸ　03-3366-2706
印刷・製本──広研印刷株式会社

Ⓒ 2015 Rickie Business Solution
本書の一部あるいは全部を無断で複写・複製あるいは転載することは、法律で定められた場合を除き著作権の侵害になります。

ISBN 978-4-7650-1267-6